Miguel de Cervantes
Novelas ejemplares
Rinconete y Cortadillo
La ilustre fregona

Adaptación didáctica y actividades por **Margarita Barberá Quiles**
Ilustraciones de **Libero Gozzini**

Redacción: Valeria Franzoni
Diseño y dirección de arte: Nadia Maestri
Gráfica al ordenador: Tiziana Pesce, Simona Corniola
Búsqueda iconográfica: Laura Lagomarsino

© 2010 Cideb

Primera edición: enero de 2010

DEALINK, DEAFLIX son marcas cedidas con licencia por
De Agostini SpA

Búsqueda iconográfica:
Archivo Cideb; De Agostini Picture Library: 4, 51, 92, 93; Erich Lessing Archive/Contrasto: 17; Contrasto: 50

Reservados todos los derechos. El contenido de esta obra está protegido por la Ley, que establece penas de prisión y/o multas, además de las correspondientes indemnizaciones por daños y perjuicios, para quienes reprodujeran, plagiaran, distribuyeran o comunicaran públicamente, en todo o en parte, una obra literaria, artística o científica, o su transformación, interpretación o ejecución artística fijada en cualquier tipo de soporte o comunicada a través de cualquier medio, sin la preceptiva autorización.

Todos los sitios internet señalados han sido verificados en la fecha de publicación de este libro. El Editor no se considera responsable de los posibles cambios que se hayan podido verificar. Se aconseja a los profesores que controlen los sitios antes de utilizarlos en clase.

Para cualquier sugerencia o información se puede contactar con la siguiente dirección:
info@blackcat-cideb.com
blackcat-cideb.com

Impreso en Italia por Litoprint, Génova

Índice

MIGUEL DE CERVANTES SAAVEDRA 4

Rinconete y Cortadillo

CAPÍTULO UNO	Dime con quién andas y te diré quién eres	9
CAPÍTULO DOS	Haciendo nuevas amistades	19
CAPÍTULO TRES	A cada uno lo suyo	27
CAPÍTULO CUATRO	Ultimando negocios	38

La ilustre fregona

CAPÍTULO UNO	En busca de aventuras	55
CAPÍTULO DOS	Gentiles resoluciones	63
CAPÍTULO TRES	Más ilustre que fregona	71
CAPÍTULO CUATRO	Confrontando pergaminos	79

DOSSIERS   Fascinante Sevilla   48
            La imperial Toledo   88

PROYECTOS INTERNET   18, 37, 87

ACTIVIDADES   6, 8, 14, 24, 33, 44, 52, 54, 60, 68, 76, 84, 94

TEST FINAL   95

 Texto integralmente grabado.

 Este símbolo indica las actividades de audición.

 Este símbolo indica las actividades de preparación al DELE.

Miguel de Cervantes Saavedra

Miguel de Cervantes nació en Alcalá de Henares en 1547, probablemente el 29 de septiembre.
Su padre, Rodrigo de Cervantes, era un cirujano es decir que se ocupaba de curar las heridas externas. Su madre, Leonor de Cortinas, procedía de una familia de labradores castellanos.
Hacia 1551, la familia Cervantes se trasladó a Valladolid. El padre del escritor tuvo problemas por deudas y en 1556 se fue a Córdoba para recoger la herencia de su padre, y huir de los acreedores.

No hay datos ciertos sobre los primeros estudios de Miguel de Cervantes, que, sin duda, no llegaron a ser universitarios. Se supone que pudo estudiar en Valladolid, Córdoba o Sevilla.

Hacia 1561, su familia se trasladó a Madrid, y allí estudió en el Estudio de la Villa.

En 1571, a los veinticuatro años, participó valerosamente en la batalla de Lepanto dirigida por don Juan de Austria, en la que una coalición cristiana formada por varios países, entre ellos España, venció a la flota turca.

Por las heridas que recibió en la batalla, perdió la movilidad de su mano izquierda, lo que no le impidió continuar en el ejército hasta 1575.

El 26 de Septiembre de 1575, cuando regresaba a España en la nave *Sol* con cartas de recomendación de don Juan de Austria, fue capturado por los turcos y llevado prisionero a Argel.

Al leer las cartas de recomendación, los turcos creyeron que Miguel de Cervantes era persona de alta condición social por lo que pidieron una importante recompensa.

Sufrió durante cinco años el cautiverio argelino contado en *El trato de Argel*. Cuatro veces intentó evadirse sin ningún éxito.

Gracias a quinientos escudos reunidos por los padres Trinitarios, el 19 de septiembre de 1580, a punto de partir encadenado a Constantinopla, fue liberado. Estas experiencias dejaron un recuerdo imborrable en su vida.

De nuevo en España, intentó ser reconocido por sus méritos militares, pero no lo consiguió.

En 1584, se casó con Catalina de Salazar y Palacios, con la que no tuvo hijos. Durante ese mismo año tuvo una hija, Isabel de Cervantes, con una mujer casada.

En 1605, publicó la primera parte de *Don Quijote de la Mancha*. Con un arte realista describe una España que inmediatamente se reconoce en esta obra maestra. Tuvo un éxito inmenso, lo que suponemos le compensó de tantas adversidades.

En 1613 publicó las *Novelas ejemplares*, se trata de unas narraciones cortas, con un final moralista, antecedente de la novela moderna. En *Rinconete y Cortadillo* nos hace ver el lado más cruel de la realidad, con personajes de condiciones morales altamente dudosas; otras novelas son más equilibradas y armónicas como *La ilustre fregona*.

En 1615 publica la segunda parte de *Don Quijote de la Mancha* y *Ocho comedias y ocho entremeses nuevos nunca representados* y en 1617 póstumamente el *Persiles y Sigismunda*.

El 22 de abril de 1616 murió y fue enterrado con el hábito de la Orden Tercera de San Francisco, donde profesó poco antes.

Comprensión lectora

1 Marca con una ✗ si las afirmaciones son verdaderas (V) o falsas (F).

		V	F
1	Miguel de Cervantes vivió cinco años en Madrid.	☐	☐
2	Participó valerosamente en la batalla de Lepanto.	☐	☐
3	Las *Novelas ejemplares* son un antecedente de la novela moderna.	☐	☐
4	En 1605 escribió *Don Quijote de la Mancha*.	☐	☐
5	Se casó dos veces.	☐	☐
6	Estuvo cautivo en Argel.	☐	☐
7	Fue liberado por los padres Franciscanos.	☐	☐
8	Murió en 1618.	☐	☐

Rinconete y Cortadillo

ACTIVIDADES

Antes de leer

Léxico

1 Asocia cada foto a la definición correspondiente.

| A alpargatas | B aldea | C sastre |
| D venta | E capa | F naipes |

1. ☐ Casa que se encuentra en los caminos despoblados para hospedar a los pasajeros.
2. ☐ Prenda de vestir larga y suelta, abierta por delante, que se lleva sobre los hombros encima del vestido.
3. ☐ Calzado de tela con suela de esparto que se asegura a la pierna con cintas.
4. ☐ Conjunto de cartas que sirven para varios juegos de mesa.
5. ☐ Pueblo de escaso vecindario y por lo común sin jurisdicción propia.
6. ☐ El que tiene por oficio hacer trajes, principalmente de hombre.

2 Escucha las definiciones de las monedas siguientes y asocia cada número a su nombre.

a ☐ escudo b ☐ maravedí c ☐ cuarto d ☐ real

CAPÍTULO 1

Dime con quién andas y te diré quién eres

En la venta del Molinillo, que se encuentra en el valle de Alcudia, entre Castilla y Andalucía, un día de verano de mucho calor, se hallan allí dos muchachos de unos catorce o quince años, ambos muy guapos, pero mal vestidos, sin capa, con los pantalones y el calzado rotos; uno lleva alpargatas y el otro zapatos, pero sin suelas. Usan los dos sombreros descosidos, y sus camisas están rotas. Uno lleva dentro de ella unos naipes que, por estar demasiado usados, no tienen puntas. Los dos están quemados por el sol. Uno lleva media espada y el otro un cuchillo de los que se usan para matar al ganado.

Ambos salen a descansar en un portal que hay delante de la venta. Uno se sienta enfrente del otro y el que parece mayor le dice al más pequeño:

Rinconete y Cortadillo

CAPÍTULO 1

—¿De dónde eres, y para dónde caminas?

—No sé de donde soy, y tampoco adónde voy. Porque en mi tierra no tengo más que un padre que no me tiene por hijo y una madrastra [1] que me detesta. El camino que llevo es el de la aventura.

—¿Y conoces alguna profesión? —le pregunta el mayor.

—Sé cortar con las tijeras delicadamente, pues mi padre es sastre, pero no consigo encontrar trabajo.

—Es lo que le que ocurre siempre a la gente buena. Si el ojo no me engaña y yo no me equivoco, tienes otras gracias secretas.

—Sí, las tengo, pero no son para contarlas en público.

—Pues te voy a hablar de mí, pues pienso que la suerte nos pone juntos para ser amigos. Yo soy natural de Fuenfría, cerca de Segovia en la sierra de Guadarrama, lugar conocido por los ilustres pasajeros que por él pasan. Mi nombre es Pedro del Rincón. Mi padre es persona importante, es Ministro de la Santa Cruzada porque vende bulas [2]. Algunos días acompañaba a mi padre a la venta de las mismas, dándome cuenta pronto de que mi amor por el dinero es mayor que mi amor por las bulas. Así que un día abrazándome a una bolsa, aparezco por Madrid donde, con las comodidades que allí se ofrecen, en poco tiempo me gasto todo el dinero. Poco después vienen los guardias a buscarme por haberme gastado el dinero de la iglesia, me castigan durante un rato y me expulsan de la corte por cuatro años... y aquí estoy ganándome la vida con mis cartas por los

---

1. **madrastra**: esposa del padre con respecto a los hijos tenidos por éste en un matrimonio anterior.
2. **bula**: documento pontificio relativo a materia de fe.

Rinconete y Cortadillo
CAPÍTULO 1

mesones y ventas que hay de Madrid hasta aquí, porque siempre hay alguien que quiere pasar un rato jugando. Podemos jugar aquí los dos para ver a quien engañamos.

—Pues sea en buena hora. Ahora te voy a contar yo mi vida. Yo me llamo Pedro Cortado, soy de un lugar entre Salamanca y Medina del Campo. Mi padre es sastre de manera que sé cortar de maravilla. Como en la aldea no hay nada qué hacer, cansado del maltrato de mi madrastra, dejo el pueblo y me voy a Toledo, donde ejerzo el oficio de cortar bolsas tan maravillosamente que no hay bolsa extraña a mis dedos ni a mis tijeras. Un día al corregidor le llegan noticias de mí y dice que quiere conocerme, pero yo no quiero tener tratos con personas tan importantes, así que salgo de la ciudad y aquí estoy.

—Pues ya nos conocemos —dice Rincón a Cortado, y levantándose los dos se dan un abrazo y a continuación se ponen a jugar a las cartas.

Al poco rato sale de la venta un mozo de mulas a refrescarse al portal y les dice que quiere jugar con ellos. Los dos le acogen de buena gana y en menos de media hora le ganan doce reales y veintidós maravedíes. Enfadado, el mozo de mulas intenta recuperar el dinero, creyendo que por tratarse de muchachos no se van a defender, pero uno saca la espada y el otro el cuchillo y comienzan a pelear.

En ese momento pasa una tropa a caballo y, al ver a un adulto pelearse con dos chicos, bajan a ayudarles y les proponen ir a Sevilla con ellos.

—¡Allá vamos! —dice Rincón—. Para servirles.

Y los dos se suben a los caballos y dejan al mozo de mulas enfadado y ofendido.

Dime con quién andas y te diré quién eres

Al llegar a Sevilla, Cortado abre la maleta de un francés y saca dos camisas nuevas y un reloj.

Al día siguiente obtienen veinte reales de su venta. Hecho esto, se van a visitar la ciudad y quedan maravillados de su iglesia y de la gran cantidad de gente que se encuentra en el río porque es tiempo de cargazón de la flota. Se encuentran en él seis galeras [3] y su vista les hace suspirar y, al mismo tiempo, temer el día en que sus culpas les traigan a vivir en ellas para siempre.

Por allí hay muchos muchachos yendo de un lado para otro.

—¿Qué haces? —pregunta Rincón a uno de ellos.

El muchacho le responde que hace un trabajo descansado y que algunos días saca cinco o seis reales de ganancia.

—Solamente tienes que llevar la carne, el pescado o la fruta al sitio que ordena el cliente.

—¿Y qué se necesita para hacer ese trabajo?

—Tienes que comprar unas cestas limpias y nuevas. Una para la carne, otra para el pescado y otra para la fruta.

El joven les dice donde tienen que ir a trabajar:

—Por las mañanas a la carnicería y a la plaza de San Salvador; los días de pescado a la pescadería y a la Costanilla, todas las tardes al río, los jueves a la Feria.

A la mañana siguiente Rincón y Cortado se presentan en la plaza de San Salvador. Allí les esperan los primeros clientes: un estudiante y un soldado.

---

3. **galera** : antiguamente era una condena que se imponía a ciertos delincuentes y que consistía en remar en las galeras (embarcaciones) del rey. Los hombres condenados a las galeras eran denominados galeotes.

Después de leer

Comprensión lectora y auditiva

1 Marca con una ✗ si las afirmaciones son verdaderas (V) o falsas (F).

		V	F
1	El valle de Alcudia está entre Castilla y León.	☐	☐
2	La historia tiene lugar en invierno.	☐	☐
3	Los dos jóvenes son muy feos.	☐	☐
4	El padre de Rincón vende bulas.	☐	☐
5	A Rincón le expulsan de la corte por cuatro años.	☐	☐
6	El padre de Cortado es sastre.	☐	☐
7	Cortado se marcha a Toledo.	☐	☐
8	Rincón y Cortado se van a Sevilla.	☐	☐

2 Contesta a las preguntas siguientes.

1. ¿Dónde se conocen los dos muchachos?
2. ¿En qué trabajan sus padres?
3. ¿Por qué van a Sevilla?
4. ¿Qué le roban a un francés?
5. ¿Por qué les entra miedo cuando ven las embarcaciones?
6. ¿Qué trabajo hacen en Sevilla para ganar dinero?
7. ¿Qué se necesita para hacer ese trabajo?
8. ¿Quiénes son sus primeros clientes?

3 Escucha este texto sobre la Giralda y responde a las preguntas.

1. ¿A qué llamamos la *Giralda*?
2. ¿Cuánto mide?
3. ¿En qué siglo fue construida?
4. ¿Quién edificó el campanario?
5. ¿En qué siglo?
6. ¿Quiénes eran los almohades?
7. ¿Cuál era antiguamente la función del Patio de los naranjos?

Adjetivos posesivos

Los adjetivos posesivos expresan propiedad o pertenencia. Concuerdan en número con el sustantivo al que acompañan, los de primera y segunda persona del plural concuerdan también en género.

	singular	plural
yo	mi	mis
tú	tu	tus
él, ella, usted	su	sus
nosotros/a	nuestro/a	nuestros/as
vosotras/as	vuestro/a	vuestros/as
ellos, ellas, ustedes	su	sus

Mi nombre es Pedro del Rincón. **Mi** padre es persona importante.

Gramática

4 Transforma las frases utilizando los adjetivos posesivos, sigue el ejemplo.

Luisa tiene un coche muy grande. .... Su coche es muy grande. ....

1 Me llaman Pedro del Rincón. ....
2 Los dos llevan camisas rotas. ....
3 Ustedes tienen unos hijos adorables. ....
4 Los dos tienen sombreros viejos. ....
5 Rinconete y Cortadillo tienen la edad parecida. ....
6 Ella tiene unos padres muy simpáticos. ....
7 Nosotros tenemos unos profesores muy buenos. ....
8 Nosotras tenemos unas casas muy soleadas. ....
9 Ustedes tienen una casa preciosa. ....
10 Vosotros tenéis profesores muy buenos. ....

ACTIVIDADES

Léxico

5 Encuentra en el capítulo 1 las palabras con el siguiente significado.

1. Prenda de vestir que sirve para cubrir la cabeza y consta de copa y ala. ....
2. Conjunto de barcos de un país. ....
3. Empresa de resultado incierto o que presenta riesgos. ....
4. El que tiene por oficio cortar y coser vestidos, especialmente de hombre. ....
5. Cordillera de montes o peñascos cortados. ....
6. Aquello que ocurre o puede ocurrir para bien o para mal a las personas. ....
7. Persona que utiliza con asiduidad los servicios de un profesional o empresa. ....
8. El que sirve en la milicia. ....

DELE 6 En cada una de estas frases hay en negrita una palabra que no es correcta. Sustitúyela por alguna de las palabras siguientes.

a. siguiente
b. mayor
c. a una
d. para
e. qué
f. a jugar
g. al
h. alguien

1. ☐ Mi amor por el dinero es **más grande** que mi amor por las bulas.
2. ☐ Un día me abracé **una** bolsa de dinero.
3. ☐ Siempre hay **cualquiera** que quiere pasar un rato jugando.
4. ☐ Un día **el** corregidor le llegaron noticias de mí.
5. ☐ A continuación se pone **jugando** a las cartas.
6. ☐ Por allí hay muchos muchachos yendo de un lado **por** otro.
7. ☐ ¿**Quién** se necesita para hacer ese trabajo?
8. ☐ A la mañana **de después** se presentan en la plaza de San Salvador.

ACTIVIDADES

Expresión escrita

7 Lee el siguiente texto y responde a las preguntas.

Las ventas en tiempos de Cervantes

Miguel de Cervantes, por su agitada y poco fácil vida, ya que tuvo que andar durante muchas ocasiones por los caminos de la Mancha y Andalucía, es el primer testigo de la situación de las ventas y mesones españoles entre todos los escritores del Siglo de Oro.

En las ventas se desarrollan numerosas escenas de *Don Quijote de la Mancha* y de sus *Novelas ejemplares*.

Las ventas y mesones tenían por lo general muy mala fama. Eran punto de encuentro de todas las clases sociales.

Cervantes y otros escritores nos hablan de la maldad de los venteros, de los mezquinos mozos de mulas, de la vulgaridad de las mozas del mesón y del mal trato que recibían los viajeros.

En las ventas se resumía todo lo malo que podía encontrarse en los viejos caminos españoles. Allí se bebía, se jugaba y se robaba.

En *La ilustre fregona*, Cervantes nos habla de la venta de Tejada, en el camino de Toledo a Córdoba y cercana a las del Alcalde y del Molinillo, citadas también en *Rinconete y Cortadillo*.

El rey Felipe II ordenó que se tenía que vender en ellas cosas de beber y comer tanto para los viajeros como para los animales.

Su mala fama continuó hasta los siglos XVIII y XIX.

(José Esteban, *Ventas y mesones en tiempo de Cervantes*)

1. ¿Qué fama tenían las ventas y mesones?
2. ¿Cómo era la gente que trabajaba en ellas?
3. ¿Qué ordenó Felipe II?
4. ¿Cuál es el nombre de la venta de *Rinconete y Cortadillo*?
5. ¿Y el nombre de la venta de *La ilustre fregona*?

ACTIVIDADES

 PROYECTO **INTERNET**

Plaza del Salvador

Sigue estas instrucciones para conectarte con el sitio correcto. Entra en internet y ve al sitio www.blackcat-cideb.com. Escribe el título o parte del título del libro en nuestro buscador.

Abre la página de *Novelas ejemplares Rinconte y Cortadillo, La ilustre fregona*. Pulsa en el icono del proyecto. Da una ojeada a la página hasta llegar al título de este libro y conéctate con los sitios que te proponemos.

Contesta a las siguientes preguntas.

1 ¿Qué edificio se encontraba en la plaza San Salvador en la etapa andalusí?
2 ¿Qué procesión pasa por esta plaza?
3 ¿Qué oficios se asentaban en la plaza?
4 ¿Cuáles son los dos edificios singulares de la plaza?

CAPÍTULO 2
Haciendo nuevas amistades

Estando en la plaza de San Salvador, el estudiante llama a Cortado, y el soldado a Rincón.

—Usted me inicia en el oficio —dice Rincón.

A lo cual responde el soldado:

—Pues tienes suerte porque voy a comprar, estoy enamorado y voy a hacer hoy un banquete a mi señora.

—Pues puede ponerme toda la carga del mundo porque tengo fuerzas para llevarme toda la plaza.

El soldado le carga las cestas, le paga tres cuartos y le muestra donde está la casa de su dama. Rincón se va con la compra y a los pocos minutos ya está de vuelta en la plaza. Allí está Cortado, que saca de su blusón una bolsa de color amarillo llena de escudos de oro.

Rinconete y Cortadillo
CAPÍTULO 2

—Esta es la paga del estudiante y además dos cuartos. Pero guárdala tú —dice Rincón.

Cortado coge la bolsa y se la guarda.

A los pocos minutos regresa el estudiante a la plaza sudando y pálido y viendo a Cortado le pregunta:

—¿Has visto la bolsa de mi dinero?

—No señor —contesta Cortado.

—¡Pobre de mí! ¡Seguro que me la han robado! Yo soy sacristán y trabajo para unas monjas. El dinero es de la Iglesia. Es un dinero sagrado y bendito. ¡Qué sacrilegio!

—¿Y cuánto renta cada año? Dígame, señor sacristán.

—Renta ¡lo que no te importa! —dice el sacristán encolerizado.

Hace mucho calor. El sacristán se limpia la cara con un pañuelo muy bonito y caro. Cortado le sigue por la plaza, y cuando no se da cuenta, le roba también el pañuelo.

Cerca de allí se encuentra otro mozo que ve todo lo que está pasando, así que llama a Rincón y a Cortado y les pregunta:

—¿Acaso sois amigos del dinero de los demás?

—Perdona, pero no entendemos tu pregunta.

—Entonces voy a hablar más claramente. Os pregunto si sois ladrones. Pero ya sé que lo sois. ¿Habéis pagado al señor Monipodio?

—¿Hay que pagar en esta tierra por ser ladrón? —pregunta Cortado enfadado.

—Si no se paga, hay que presentarse al menos ante el señor Monipodio. Así que os aconsejo venir conmigo para mostrarle obediencia. Porque si robáis sin su permiso os va a costar caro.

Haciendo nuevas amistades

—Yo pienso que el hurtar [1] es un oficio libre —dice Cortado—, pero como cada tierra tiene sus costumbres, tenemos que guardar las de esta, por ser la más importante del mundo. Así que puedes guiarnos al lugar donde se encuentra ese caballero que debe de ser muy amable y muy hábil en el oficio.

—¡Ya lo creo que es calificado y hábil! —exclama el joven.

—¿Y tú eres ladrón?

—Sí, para servir a Dios y a las buenas gentes.

—Cosa nueva es para mí que los ladrones están en el mundo para servir a Dios y a las buenas gentes.

—Cada uno en su oficio puede alabar a Dios. Y más con la orden que tiene dada el señor Monipodio a todos sus protegidos.

—Sin duda debe ser una orden buena y santa —dice Rincón— pues hace a los ladrones servir a Dios.

—Es tan santa y buena —replica el mozo— que no sé si se podrá mejorar. Él tiene ordenado que de lo que se hurta hay que dar una limosna para el aceite de una imagen muy devota que hay en esta ciudad. Además nosotros rezamos nuestro rosario, y muchos de nosotros no hurtamos en día de viernes, ni tenemos conversación con ninguna mujer llamada María los sábados.

—Estupendo me parece todo esto —dice Cortado—, pero dime, y con todo eso que hacéis, ¿vuestra vida es tan santa y buena?

—Pues ¿qué tiene eso de malo? ¿No es peor ser hereje o renegado o matar al padre o a la madre?

—Todo es malo —dice Cortado— pero como vamos a entrar en esta comunidad, tenemos que darnos prisa pues me muero por conocer al señor Monipodio, de quien tantas virtudes se cuentan.

---

1. **hurtar** : quitar algo a alguien sin intimidación.

Rinconete y Cortadillo
CAPÍTULO 2

—Pues ya desde aquí se ve su casa. Vosotros debéis quedaros en la puerta y yo voy a entrar para ver si está ocupado, porque es a estas horas cuando él tiene la costumbre de dar audiencia.

Y, adelantándose un poco, el joven entra en una casa de mala apariencia, y los dos se quedan esperando fuera.

Al momento sale y exclama:

—Podéis pasar —y los hace esperar en un patio muy limpio.

Mientras esperan al señor Monipodio, Rincón entra en una sala donde hay en la pared una imagen de Nuestra Señora. En ese momento entran en la casa dos mozos y un ciego. Después entran dos viejos cada uno con un rosario. Tras ellos entra una vieja que se pone a rezar a la Virgen con devoción. En poco tiempo se juntan allí hasta catorce personas de diferentes trajes y oficios. Llegan también dos bravos mozos que ponen sus ojos en Rincón y Cortado y les preguntan:

—¿Sois de la cofradía?

—Por supuesto que sí —responde Rincón.

En ese momento Monipodio baja la escalera. Parece tener unos cuarenta y cinco años de edad, es muy alto y moreno, con las cejas juntas. Tiene una barba espesa y los ojos profundos. Lleva una camisa abierta por la que aparece mucho vello [2]. Lleva una capa que le llega casi hasta los pies y un sombrero de ala ancha, unos pantalones muy anchos y zapatos sin talones. Por la espalda y pecho le atraviesa un cinturón del cual cuelga una espada ancha y corta. Sus manos son cortas y pelosas y sus dedos gordos. Sus pies son enormes. En efecto tiene la apariencia del ser más rústico y bárbaro del mundo.

---

2. **vello**: pelo suave que sale en algunas partes del cuerpo humano.

ACTIVIDADES

Después de leer

Comprensión lectora

1 Marca con una ✗ si las afirmaciones son verdaderas (V) o falsas (F).

		V	F
1	El soldado quiere dar un banquete a su amada.	☐	☐
2	Cortado tiene una bolsa con escudos de oro.	☐	☐
3	Cortado roba un pañuelo.	☐	☐
4	Rincón se guarda la bolsa.	☐	☐
5	Cortado y Rincón van a casa de Monipodio.	☐	☐
6	En casa de Monipodio no hay nadie.	☐	☐
7	Monipodio tiene unos sesenta años.	☐	☐
8	Monipodio aparenta ser muy culto.	☐	☐

Los determinantes numerales

> **Ambos** al igual que **sendos** son determinantes numerales. Expresan orden o cantidad de manera precisa.
> **Ambos** es **dual** y significa «el uno y el otro, los dos».
> **Sendos** es **distributivo** y significa «uno para cada cual».
> *Se hallan allí dos muchachos, **ambos** muy guapos.*
> *Usan los dos **sendos** sombreros descosidos.*

Gramática

2 Completa el texto siguiente con *ambos* o *sendos*, según convenga.

En la venta del Molinillo, un día de verano de mucho calor, se encuentran dos chicos de unos catorce o quince años, Rincón y Cortado, **(1)** .... son muy guapos, pero van mal vestidos. Usan **(2)** .... sombreros descosidos, **(3)** .... están quemados por el sol.
Más tarde, Rincón y Cortado se pelean con un mozo de mulas y dos viajeros que van a caballo, al verles, bajan a ayudarles. **(4)** .... jóvenes, llevan **(5)** .... cuchillos.
Una vez llegados a Sevilla, Rincón y Cortado están en la plaza de San Salvador donde un estudiante y un soldado los llaman.

ACTIVIDADES

Léxico

3 Pon una ✗ en las casillas correspondientes (pueden ser las dos) para saber el significado de las palabras siguientes.

	hurtar	robar
1 Quitar o retener bienes ajenos.	☐	☐
2 Quitar contra la voluntad de su dueño.	☐	☐
3 Quitar con violencia o con fuerza.	☐	☐

4 ¡Vamos a vestirles! Asocia estas prendas a cada persona.

> falda   corbata   bañador   chancletas   camiseta
> vestido   gorro   camisa   traje   vaqueros   jersey

1 Miguel se va a esquiar.   ....
2 Esperanza Vidal es secretaria y está en su despacho.   ....
3 El señor López debe presidir un consejo de dirección.   ....
4 Los Pérez van de compras al supermercado.   ....
5 Paco se marcha de vacaciones al Caribe.   ....

¿Cómo suena?

5 Marca con una ✗ si oyes el sonido [g] como *gol* el sonido [χ] como *jefe* o los dos en la misma palabra.

	1	2	3	4	5	6	7	8
[g]								
[χ]								
[g] y [χ]								

6 Dictado. Escucha estas frases y escríbelas.

7 Lee y repite las frases del ejercicio 6.

ACTIVIDADES

Expresión oral y escrita

8 Lee el siguiente texto y responde a las preguntas.

La plaza de San Salvador

La plaza de San Salvador desempeñó un papel destacado en la vida de Sevilla.

En torno a la mezquita se concentró la actividad comercial.

Los distintos oficios se ubicaban en ella como los cordoneros (los que hacían o vendían cordones), los cereros (los que labraban o vendían la cera), los talabarteros (los que hacían talabartes o cinturones de cuero para colgar la espada), zapateros, candeleros, los vendedores de encaje y también de frutos y pan.

Los que no tenían un puesto fijo mostraban sus mercancías por el suelo. En ella se situaban los porteadores.

Era uno de los sitios clave donde se situaban los pregoneros, es decir los oficiales que hacían público lo que hay que hacer saber a todos, por la afluencia de gente que allí había.

1 ¿Puedes citar tres oficios que se encontraban en la plaza de San Salvador?
2 ¿Para qué iban los porteadores?
3 ¿Para qué iban allí los pregoneros?

9 Mira el dibujo de la página 11 y describe a Rinconete y Cortadillo con la ayuda de las palabras del recuadro.

> pantalones   sombrero   cartas   alpargatas
> camisa   rizos   flequillo   zapatos

10 Y tú hoy ¿cómo vas vestido? Descríbete en tu cuaderno.

CAPÍTULO 3

A cada uno lo suyo

Estando en el patio, Ganchuelo, que así se llama el que acompaña a Rincón y Cortado, les presenta a su jefe, Monipodio, diciendo:

—Estos son los dos jóvenes dignos de entrar en nuestra cofradía.

Monipodio les pregunta:

—¿De dónde sois? ¿Quiénes son vuestros padres? ¿Cuál es vuestra profesión?

—¡Cuántas preguntas hace, señor! —dice Rincón—. Caballero, nuestra vida no le interesa a nadie y tampoco interesa a nadie el nombre de nuestros padres, porque luego, si tenemos mala suerte en nuestras aventuras, no queremos meter a nuestras familias en nuestros problemas. Nosotros solamente queremos trabajar en esta ciudad y por eso estamos aquí.

A lo que Monipodio declara:

Rinconete y Cortadillo
CAPÍTULO 3

—Estáis en lo cierto pero quiero conocer vuestros nombres.

—Yo me llamo Rincón y mi amigo se llama Cortado.

—Pues de ahora en adelante os vais a llamar Rinconete y Cortadillo. En esta cofradía nos gusta saber quienes son los padres de todos los que trabajan con nosotros porque, una vez al año, rezamos todos juntos por los parientes que se han muerto. Ese mismo día rezamos también por todos nuestros amigos: el guardia que nos avisa del peligro, el corregidor que olvida todos nuestros asuntos...

De repente Monipodio se calla y le pregunta a Ganchuelo:

—¿Están en su sitio los vigilantes?

—Sí, claro —contesta el chico—. Tenemos a tres hombres en la calle. No tenemos que preocuparnos.

—Muy bien. Entonces podemos hablar tranquilos. Decidme, chicos, ¿qué sabéis hacer?

—Yo, señor —dice Rinconete—, sé preparar las cartas de manera que siempre gano en el juego.

—Y tú Cortadillo, ¿qué sabes hacer?

—Yo sé meter las manos en la bolsa de un señor y sacarle veinte escudos.

—¿Y qué más cosas sabéis hacer?

—Lo siento señor, nada más —dice Cortadillo.

—No os preocupéis, pues estáis en una buena escuela. Ya sabéis que en nuestra profesión hay que tener los labios cerrados.

—No somos tan ignorantes, nosotros vemos, oímos y callamos.

—No hace falta más. Ahora mismo vais a entrar en la cofradía.

En ese momento llega a la casa corriendo un chico muy asustado y exclama:

Rinconete y Cortadillo
CAPÍTULO 3

—¡El alguacil [1] viene a la casa pero no trae a los guardias!

—Tranquilos todos —dice Monipodio—. El alguacil es amigo mío.

Y se va a hablar con él.

Al poco tiempo Monipodio regresa a la casa y pregunta:

—¿Quién ha estado hoy en la plaza de San Salvador?

—Yo —dice Ganchuelo.

—Entonces, ¿dónde está la bolsa de color amarillo llena de escudos de oro?

—Pues yo no la tengo —responde Ganchuelo.

—De mí no se ríe nadie. ¡Esa bolsa tiene que aparecer, pues el alguacil es amigo mío y me hace muchos favores!

Monipodio tiene los ojos llenos de furia.

Viendo Rinconete todo el disturbio, comprende que el asunto es serio así que, aconsejado por su amigo, Cortadillo saca la bolsa del sacristán y dice:

—Esta es la bolsa que contiene todo lo que dice el alguacil y también el pañuelo.

—Cortadillo *el bueno* —dice Monipodio sonriendo—. Con este título te vas a quedar. Escucha, el pañuelo es para ti y la bolsa para el alguacil, porque el sacristán es pariente suyo y conviene cumplir el refrán que dice: «No es mucho que a quien te da la gallina entera, tú des una pierna de ella».

Monipodio da la bolsa al alguacil y a los pocos minutos aparecen dos mujeres muy pintadas, llenas de desenvoltura y desvergüenza. Se llaman la Escalanta y la Gananciosa. Rinconete y Cortadillo se dan cuenta de que son prostitutas. En cuanto entran, se van a abrazar a sus novios Chiquiznaque y Maniferro,

---

1. **alguacil**: oficial de justicia.

A cada uno lo suyo

que se llama así porque tiene una mano de hierro, pues la suya se la ha cortado la justicia.

Los dos las abrazan y les preguntan si traen algo de comer.

Al momento entra un chico que deja una cesta muy grande en el suelo con la comida, y Monipodio ordena a todos sentarse para comer.

En ese momento la vieja que estaba rezando a la Virgen dice:

—Tengo en mi casa una cesta traída por Renegado y Centopies, más grande que ésta, llena de ropa blanca.

—Bien señora Pipota —dice Monipodio—, esta misma noche voy a su casa para repartir a cada uno lo suyo, como tengo por costumbre.

—Entonces me voy —dice la vieja—, tengo que comprar candelas para la Virgen... por favor, Escalanta, ¿tienes un poco de vino para esta vieja?

—Toma —dice Escalanta dándole un gran vaso de vino.

—Mucho echas, pero Dios me va a dar fuerzas para poder con él.

Y de un trago, sin tomar aliento, se lo bebe todo. Y a continuación añade:

—¿No tenéis un poco de dinero para comprar candelas a la Virgen de mi devoción? Porque con las prisas no traigo nada...

—Sí que tengo señora Pipota —dice la Gananciosa—, te doy dos cuartos.

La vieja coge el dinero y les dice:

—Pasadlo bien, pues en la vejez se lloran los ratos perdidos en la juventud.

De repente, alguien llama a la puerta y Monipodio, con voz espantosa, exclama:

Rinconete y Cortadillo
CAPÍTULO 3

—¿Quién llama?

—Soy Tagarete, el centinela. Aquí llega Juliana la Cariharta, llorosa, parece sucederle algún desastre.

En esto llega Juliana llorando, esta mujer parece tener la misma profesión que las otras dos. Monipodio le abre la puerta. Está toda despeinada y llena de moraduras ² y comienza a gritar:

—¡La justicia de Dios y del rey quiero para ese ladrón! ¡Cobarde! ¡Desgraciada de mí! ¡Mira por quien he perdido mi juventud! ¡Bellaco! ¡Sinvergüenza!

—Tranquilízate, Cariharta —dice Monipodio—, aquí estoy yo para hacer justicia. ¿Quién te ha faltado el respeto? ¿Quieres justicia?

—¡Más respeto tengo en los infiernos que con ese!

Y se sube la falda hasta las rodillas y las muestra llenas de moraduras.

—¡El Remolido es el autor de esto! —explica la Cariharta—. Como perdía jugando a las cartas, me llama y me pide treinta reales para pagar en el juego. Yo le consigo solamente veinticuatro pues no tengo más. Pero el Repolido piensa que me quedo seis reales. Como es un animal, casi me mata a palos. ¡Por eso vengo aquí a pedir ayuda!

La Gananciosa la consuela.

---

2. **moradura** : mancha morada o amarillenta de la piel a consecuencia de un golpe.

ACTIVIDADES

Después de leer

Comprensión lectora

1 Marca con una ✗ si las afirmaciones son verdaderas (V) o falsas (F). Justifica tus respuestas.

		V	F
1	Rinconete y Cortadillo están en el despacho de Monipodio.	☐	☐
2	Monipodio les pregunta qué saben hacer.	☐	☐
3	El alguacil llega con los guardias.	☐	☐
4	Cortadillo saca la bolsa robada.	☐	☐
5	El sacristán es pariente del alguacil.	☐	☐
6	La Escalanta y la Gananciosa son ilustres señoras.	☐	☐
7	La señora Pipota tiene en su casa una cesta con ropa blanca.	☐	☐
8	La Cariharta viene a pedir ayuda.	☐	☐

¿Cómo suena?

2 Completa las palabras que oyes con *s* o *x*.

e_tudiante	e_peculación	e_clama	e_istencia
e_peso	e_ento	e_clusivo	e_tupendo
e_tiércol	e_tereofónico	e_terilidad	e_cluyente
infle_ible	e_ceder	comple_ión	cata_trófico

33

ACTIVIDADES

Léxico

3 Completa las palabras con *es-* o *ex-*.

1. El __tudiante llama a Cortado.
2. El joven sale y __clama.
3. Allí está Cortado con una bolsa de __cudos.
4. __cucha, el pañuelo es para ti.
5. No tienes __cusa por venir tan tarde.
6. ¿Quién ha __tado en la plaza de San Salvador?
7. Rinconete y Cortadillo no son de muy buena __tirpe.
8. ¡__ta es la bolsa!

4 Encuentra en el capítulo 3 los sinónimos de las palabras de la columna de la izquierda y los contrarios de las de la columna de la derecha.

1	dirigente	....	7	ancianos	....
2	oficio	....	8	vergüenza	....
3	saco	....	9	vacía	....
4	iletrado	....	10	peinada	....
5	cólera	....	11	irreverencia	....
6	respiración	....	12	pequeño	....

La interrogación

Normalmente en español la pregunta se plantea poniendo el verbo delante del sujeto.

*¿Dónde **está la bolsa** de color amarillo llena de escudos de oro?*

Se puede preguntar utilizando únicamente la entonación interrogativa.

¿Tienes un poco de vino para esta vieja?

Palabras interrogativas que preguntan sobre:

— personas: ¿Quién? ¿A quién? ¿Con quién? ¿De quién? ¿Para quién? ¿Por quién?
— cosas: ¿Qué? ¿A qué? ¿Con qué? ¿De qué? ¿En qué? ¿Para qué? ¿Por qué?
— el modo: ¿Cómo?
— el tiempo: ¿Cuándo?
— el lugar: ¿Dónde?

ACTIVIDADES

Gramática

5 Plantea las preguntas a las respuestas siguientes.

1 ....
Yo me llamo Rincón y mi amigo se llama Cortado.

2 ....
Yo sé preparar las cartas de manera que siempre gano en el juego.

3 ....
He estado en la plaza de San Salvador.

4 ....
Aquí está la bolsa.

5 ....
Soy Tagarete, el centinela.

6 ....
Toma. Dos cuartos.

6 Ordena los elementos siguientes para formar frases interrogativas.

1 ¿ vuestros / son / quienes / padres ?
....

2 ¿ es / profesión / vuestra / cuál ?
....

3 ¿ más / y / cosas / qué / hacer / sabéis ?
....

4 ¿ San Salvador / ha / quién / estado / hoy / la / en / plaza / de ?
....

5 ¿ faltado / te / respeto / el / ha / quién ?
....

6 ¿ poco / vino / un / de / tienes ?
....

ACTIVIDADES

Los sufijos

Los sufijos son partículas que se posponen a la raíz de la palabra para modificar su significación.

Los sufijos diminutivos se utilizan para indicar pequeñez y/o aprecio, son: **-ito/a, -ico/a, -illo/a, -ín/ína**, etc.

Rinconete y Cortadillo

Hay palabras con el sufijo **-illo/a** que han perdido su significado diminutivo y que tienen un significado distinto del de la palabra de la que proceden.

Por ejemplo **sombrilla**, no significa una sombra pequeña, sino un paraguas usado para resguardarse del sol.

7 Encuentra en cada frase las palabras con sufijo diminutivo y colócalas en la casilla correspondiente.

1. Pues de ahora en adelante os vais a llamar Rinconete y Cortadillo.
2. A la mesilla del dormitorio se le ha roto el cristal.
3. El gatito no podía moverse todavía.
4. Mi abuelita no se encuentra muy bien.
5. Mi cajita preferida está en la estantería.
6. Este chiquitín toma muchos biberones.
7. El perrito se ha perdido.
8. Tengo un cochecito rojo.

pequeñez	aprecio	aprecio y pequeñez

ACTIVIDADES

8 Relaciona cada adjetivo con su superlativo.

adjetivo	superlativo
1 pequeño	a óptimo
2 alto	b amabilísimo
3 bueno	c fortísimo
4 antiguo	d mínimo
5 amable	e supremo
6 fuerte	f antiquísimo

 PROYECTO **INTERNET**

El valle de Alcudia

Sigue las instrucciones de la página 18 para encontrar los sitios que te proponemos.

Contesta a las siguientes preguntas.

1 ¿Dónde se encuentra el Valle de Alcudia?
2 ¿Cómo es su clima?
3 ¿Qué tipo de árbol crece allí?
4 ¿Qué ganado se cría allí?
5 ¿Qué tipo de economía posee?
6 ¿Qué ciudades comunicaba el Camino Real de la Plata?
7 ¿Qué viajero de excepción lo recorrió?
8 Cita un lugar que actualmente se puede visitar y que aparece en Rinconete y Cortadillo.

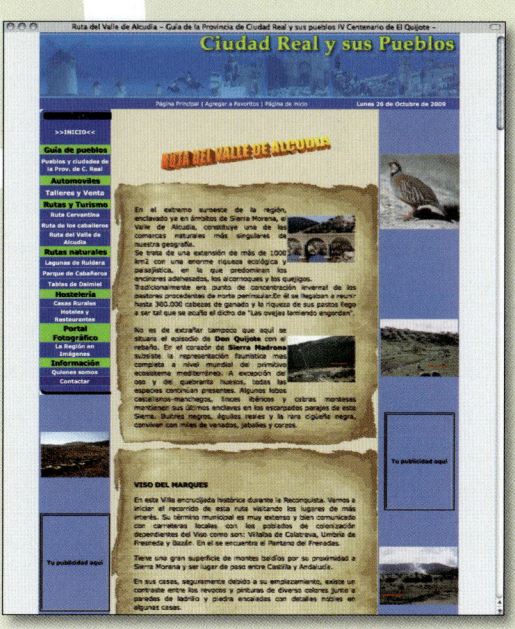

CAPÍTULO 4

Ultimando negocios

Mientras la Gananciosa consuela a la Cariharta le dice:

—Eso es señal de que te quiere mucho pues ya sabes el refrán que dice: «Quien bien te quiere te hará llorar». Cuando estos bellacos [1] nos pegan eso quiere decir que nos adoran. Si no confiésame una verdad, ¿no te ha besado después de pegarte?

—Cien mil veces —responde la llorona.

—Pues si tiene arrepentimiento, entonces no tiene culpa. Ya verás como viene a pedirte perdón humilde como un cordero.

—¡No ha de entrar por esa puerta —exclama Monipodio— si primero no hace una manifiesta penitencia del delito cometido!

—¡Ay! —exclama la Cariharta— señor Monipodio, no quiero oír mal de ese maldito, pues con lo malo que es, le quiero con todo mi corazón. La Gananciosa me ha convencido, así que estoy por ir a buscarle.

1. **bellaco**: persona pícara y mala.

Rinconete y Cortadillo
CAPÍTULO 4

—¡No debes hacer eso! —replica la Gananciosa—. Pues en otra ocasión puede pegarte mucho más. Quédate aquí, y si por casualidad el Repolido no viene a buscarte, tú no te preocupes, porque le vamos a enviar una cartita que le va a dejar las cosas muy claras.

—¡Eso sí que me gusta! —contesta la Cariharta— porque tengo mil cosas que contarle.

—Muy bien —dice Monipodio—, pero ahora lo que tenemos que hacer es terminar de comer.

La Gananciosa saca de la cesta más de tres kilos de naranjas, luego un plato grande con trozos de pescado, medio queso de Flandes, aceitunas, pan y vino. Monipodio y su gente, con el cuchillo en la mano, se sientan alrededor de la cesta y como tienen mucha hambre se lo comen todo.

Después de comer, dos viejos, que están allí con ellos, piden permiso para marcharse. Monipodio les encarga traer noticias de todo lo que puede ser útil a la comunidad.

Rinconete, que es muy curioso, le pregunta a Monipodio de qué sirven a la cofradía esos dos personajes tan ancianos. Monipodio le dice que sirven para andar por la ciudad, observando en qué casas se puede entrar de noche y espiando lo que se saca de la Casa de la Moneda y para dónde lo llevan.

—Todo me parece estupendo —dice Rinconete—, yo también quiero ser de provecho a la cofradía.

En ese momento llaman a la puerta, sale Monipodio y pregunta quién llama.

—Soy el Repolido, ¿me abre señor Monipodio?

—¡No! ¡No le abra! —grita la Cariharta—. ¡No le abra a ese mal hombre!

Monipodio no le hace caso y abre la puerta. La Cariharta se esconde en la habitación de la Virgen y se cierra por dentro.

Ultimando negocios

—¡Cariharta no te enfades conmigo, mujer! ¡Que quiero casarme contigo!

—¿Casada yo? ¡Eso ni hablar! ¡Antes muerta!

—¡Ea! ¡Estúpida! Acaba ya que es tarde.

—En mi presencia no ha de haber ninguna discusión —dice Monipodio.

Chiquiznaque y Maniferro se ríen de Repolido y este se enfada y se marcha. La Cariharta, que escucha todo detrás de la puerta, cuando oye que el Repolido se marcha, sale diciendo:

—¡Vuelve acá provocador! ¡Que ahora nos vamos a casa!

—Los amigos no deben pelearse —dice Monipodio—, debéis daros todos la mano.

De repente vuelven a llamar a la puerta. Un caballero joven llega y Monipodio manda llamar a Chiquiznaque, a Maniferro y a Repolido. Rinconete y Cortadillo escuchan todo lo que dicen.

—¿Por qué habéis hecho tan mal el encargo de dar la cuchillada de catorce puntos al mercader [2]? —dice el caballero.

—Después de verle la cara al mercader, he llegado a la conclusión de que tiene el rostro tan pequeño que no le cabe una cuchillada de catorce puntos. Así que la cuchillada la ha recibido su criado que sí que tiene la cara grande —dice Chiquiznaque.

—Pues yo prefiero al amo con una cuchillada de siete puntos que al criado con una de catorce —replica el caballero—. No es ese el trato convenido. Así que solamente les pago los treinta escudos dados en señal.

Y diciendo esto, se quita el sombrero y se va, pero Monipodio le coge y le dice:

---

2. **mercader**: el que trata o comercia con géneros vendibles.

Rinconete y Cortadillo
CAPÍTULO 4

—Usted tiene que cumplir su palabra pues nosotros cumplimos la nuestra. Faltan veinte ducados.

—¿A eso llama usted cumplimiento de palabra? ¿Dar una cuchillada al criado debiendo darla al amo?

Entonces Chiquiznaque le contesta:

—¿No recuerda el refrán que dice: «Quien bien quiere a Beltrán, bien quiere a su can [3]».

—¿Y a propósito de qué ese refrán? —exclama el caballero.

—¿Pues no es lo mismo decir: «Quien mal quiere a Beltrán mal quiere a su can»? Beltrán es el mercader y su criado es su can —replica Chiquiznaque.

—Eso digo yo —dice Monipodio—, de la boca me lo has quitado. Así que debe pagar el trabajo. Y si quiere otra cuchillada al amo, puede tener por seguro que lo hacemos.

—Que así sea —responde el caballero—. Aquí tiene esta cadena de oro por la cuchillada futura.

Monipodio la recibe con mucha cortesía. La ejecución del encargo queda fijada para la noche.

En cuanto se marcha el caballero, Monipodio llama a todos y manda traer un libro. Se lo da a Rinconete pues él no sabe leer. Rinconete lo abre y en la primera página ve que dice:

> *Memoria de las cuchilladas que se han de dar esta semana:*
> *La primera al mercader del lugar, vale cincuenta escudos, están recibidos treinta.*
>
> *Memoria de palos. Al bodeguero de la plaza de la Alfalfa doce palos, a escudo cada uno. Están dados a buena cuenta, ocho.*
>
> *Al sastre que se llama Silguero, seis palos de mayor importancia. A cuenta de la dama que dejó el collar.*

3. **can**: perro.

Ultimando negocios

—Bueno, déjalo ya que se está haciendo tarde —dice Monipodio—. El domingo que viene os espero en mi casa. Debéis traer todo lo robado y luego yo os doy vuestra parte.

Todos le besan la mano y se ofrecen para hacer el oficio recomendado.

Monipodio saca un papel y le dice a Rinconete:

—Debéis escribir aquí vuestros nombres y decir:

> *«En el día de hoy entran en la Cofradía de Monipodio Rinconete y Cortadillo. Rinconete: trucos de cartas. Cortadillo: ladrón de bolsas.»*

Rinconete y Cortadillo piensan en todo lo que han visto hoy. Rinconete es un buen chico que sabe leer y escribir y sabe distinguir ente el bien y el mal. También piensa en lo descuidada que está esa famosa ciudad de Sevilla, ya que vive en ella esa gente tan peligrosa; Rinconete se propone convencer a su amigo para dejar esa vida tan inmoral y perdida. Pero llevado de sus pocos años y de su falta de experiencia, todavía pasará en Sevilla algunos meses con su maestro Monipodio... unos meses llenos de aventuras dignas de contarse en otro libro.

ACTIVIDADES

Después de leer

Comprensión lectora

1 Marca con una ✗ si las afirmaciones son verdaderas (V) o falsas (F). Justifica tus respuestas.

		V	F
1	La Cariharta no está enamorada de Repolido.	☐	☐
2	Los dos viejos piden permiso para irse.	☐	☐
3	Repolido quiere casarse con la Cariharta.	☐	☐
4	Un caballero joven entra en la casa.	☐	☐
5	Monipodio sabe leer.	☐	☐
6	Rinconete no sabe leer.	☐	☐
7	Monipodio cita a todo el mundo para el sábado siguiente.	☐	☐
8	Sevilla es una ciudad descuidada.	☐	☐

2 Contesta a las preguntas siguientes.

1. ¿Por qué la Gananciosa consuela a la Cariharta?
2. ¿Cuál es el trabajo de los dos viejos?
3. ¿Qué viene a hacer Repolido a casa de Monipodio?
4. ¿Por qué el caballero critica a Chiquiznaque y a Maniferro?
5. ¿Para qué el caballero le da a Monipodio una cadena de oro?
6. ¿Por qué todo el mundo besa la mano a Monipodio?
7. ¿Por qué Monipodio da un libro a Rinconete?
8. ¿Qué piensa Rinconete de todo lo que ha visto?

ACTIVIDADES

Léxico

3 Existen muchos proverbios en español. Asocia a cada uno su significado por medio de la letra correspondiente.

1 ☐ Quien a buen árbol se arrima, buena sombra le cobija.
2 ☐ No es oro todo lo que reluce.
3 ☐ El saber no ocupa lugar.
4 ☐ A otro perro con ese hueso.
5 ☐ A las diez en la cama estés.
6 ☐ Aunque la mona se vista de seda, mona se queda.
7 ☐ Del dicho al hecho hay mucho trecho.
8 ☐ A río revuelto ganancia de pescadores.

a Aprovechar un momento de desorden y confusión en beneficio propio.
b Hay que fiarse de los actos de los demás pero no de las palabras.
c Hay que acostarse temprano.
d Si gozas de la protección de alguien importante puedes alcanzar con facilidad tus objetivos.
e La cultura es útil y no es una carga.
f La clase no se improvisa.
g No hay que fiarse de las apariencias.
h Ese argumento no es convincente.

Las grafías *y* y *ll*

Aunque representan dos sonidos diferentes, las letras **y** y **ll** se confunden al hablar.

*Y*a sabes que *y*o quiero ser de provecho a la cofradía.

Las palabras terminadas en **-illo, -illa, -ello, -ella -alle** se escriben con **ll**.

En Sevilla, Cortadillo pasará unos meses llenos de aventuras.

Detrás de los prefijos **ad-, dis-, sub-**, se escribe **y**, así como las palabras que contienen la sílaba **-yec**.   *inyección*

ACTIVIDADES

4 Completa las palabras siguientes con *ll* o *y*.

1 _orar
2 _a
3 _evan
4 caba_ero
5 cuchi_ada
6 pro_ecto

5 Algunas palabras cambian de significado según se escriban con *ll* o *y*. Completa cada frase con la palabra adecuada. Si no estás seguro, consulta el diccionario o pregunta a tu profesor.

arroyo / arrollo

1 La tormenta ha hecho crecer el ....
2 No .... a nadie con mi bicicleta.

haya / halla

3 Debajo del ...., se .... el libro de cuentos.

vaya / valla

4 ¡................! el burro ha vuelto a saltar la ....

hoya / olla

5 Fuimos de excursión a la .... y volvimos con la .... llena de setas.

¿Cómo suena?

6 Escucha y completa estas frases.

1 La _uvia _ena de agua la _anura.
2 Los caba_os, bue_es y potri_os hu_en por el va_e.
3 Los chiqui_os _enan de bu_icio toda la casa.
4 A causa de los ra_os salimos a a_udarles.
5 Ha_amos a la _egua en un ho_o.

ACTIVIDADES

Homófonos

En español hay palabras que tienen la misma pronunciación pero se escriben de manera diferente y tienen diferentes valores gramaticales. No es lo mismo:

a = preposición *Viene **a** pedirte perdón.*

ha = verbo *haber* *No **ha** de entrar por esa puerta.*

he = verbo *haber* *He cumplido mi palabra.*

e = preposición, se usa en lugar de **y** cuando la palabra siguiente empieza por **i** *Repolido llega **e** intenta entrar en casa de Monipodio.*

habría = verbo *haber*   **abría** = verbo *abrir*

hecho = verbo *hacer*   **echo** = verbo *echar*

ahí = adverbio   **hay** = verbo *haber*   **¡ay!** = interjección

hola = fórmula de saludo   **ola** = onda formada por el agua

bello = que tiene belleza

vello = pelo corto y suave que crece en el cuerpo humano

Gramática

7 **Completa estas frases con la palabra que convenga.**

1. .... ¡qué dolor!
2. .... están las fotos.
3. Sólo .... helado para dos.
4. ¿.......... ti qué te parece este asunto?
5. Esta noche .... visto la luna llena.
6. Como la puerta no se ...., no pude salir.
7. .... unos diez mil espectadores en el festival de música.
8. No he .... el trabajo todavía.
9. Te .... de menos.
10. María .... dicho que no va a venir.
11. Tristán .... Isolda son dos personajes literarios.

Fascinante Sevilla

Sevilla es la capital de la comunidad autónoma de Andalucía. Está situada en el sur de España junto al río Guadalquivir y dista 120 km del mar. Tiene una población de unos 700.000 habitantes. Su clima es mediterráneo con influencia continental, con veranos muy calurosos e inviernos suaves, con precipitaciones variables. La temperatura media anual es de 19° centígrados.

Es la cuarta ciudad española, y en ella se sitúa el único puerto fluvial de España.

Sevilla tiene una historia que se remonta a la *Hispalis* de los íberos. Fue ocupada por los cartagineses, y resistió a los romanos hasta que fue sometida por Escipión (205 a. de C.). Más tarde Julio César la fortificó y durante el Imperio fue elevada a la categoría de capital de la provincia Bética. Cerca de Sevilla, en Itálica, nacieron los emperadores romanos Trajano y Adriano.

Fue, antes que Toledo, la capital del reino visigodo. Fue tomada por los árabes en el año 712 y se convirtió, tras la caída del califato de Córdoba, en un reino de Taifas en el siglo XI.

Durante el siglo XII, Sevilla creció mucho. Más tarde, en 1248, el rey Fernando III el Santo la reconquistó para los cristianos, apoyado por los ejércitos de Francia e incluso por un ejército papal.

En el siglo XV Sevilla fue el punto de partida de los grandes viajes oceánicos que permitieron la conquista de las islas Canarias y, más tarde, el descubrimiento de América.

Después del descubrimiento de América y con motivo de la fundación de la *Casa de Contratación de Sevilla*, que era el lugar desde donde se dirigían y contrataban los viajes, se controlaban las riquezas que entraban de América y se regulaban las relaciones con el Nuevo Mundo, Sevilla se convirtió en la metrópoli, o capital, de las colonias americanas y se transformó en la ciudad mayor y más rica de España.

En Sevilla se prepararon entre otras, las expediciones de Américo Vespucio (1451-1512) que dio su nombre al continente recién descubierto, y la de Magallanes que emprendió en 1519 la primera vuelta alrededor del mundo.

Este fructífero monopolio se prolongó hasta el año 1717 en que, debido a que el cauce del río Guadalquivir se llenó de arena, el puerto se tuvo que trasladar a Cádiz.

Cervantes, Lope de Vega y Tirso de Molina estrenaron sus comedias en el siglo XVI en los teatros de Sevilla. Cervantes comenzó en la cárcel de Sevilla a escribir su genial *Don Quijote de la Mancha*.

El arte pictórico llegó a su culminación en el siglo XVII con los famosos pintores sevillanos Velázquez, Murillo y Zurbarán.

A principios del siglo XVIII, a pesar de la decadencia del imperio español, se construyeron dos industrias de importancia mundial: la *Real Fábrica de Tabacos*, que ponía en manos de Sevilla el tabaco traído de América y le otorgaba el monopolio de su consumo en Europa, y la *Real Fábrica de Salitre*, productora de la materia prima para la fabricación de la pólvora [1].

También tuvieron importancia los productos cerámicos del barrio de Triana, cuyo origen se remonta a la época romana. En Triana, que debe su nombre al emperador Trajano, se fabricaban las ánforas que partían hacia Roma llenas de aceite y de vino, y los restos de éstas, acumulados, dieron origen al monte *Testaccio* o monte de los tiestos.

Hoy Triana es uno de los barrios más emblemáticos, con sus casas antiguas, sus patios de vecinos, sus calles estrechas, sus balcones adornados con flores. Es un barrio profundamente religioso. Junto con la *Virgen de la Macarena*, la reina de Sevilla es la *Esperanza de Triana*. La mejor forma de llegar a Triana es a través del puente de Isabel II, sobre el Guadalquivir. Este puente fue diseñado por Gustave Eiffel.

En 1929 Sevilla fue sede de la Feria Iberoamericana, en 1992 de la Exposición Universal, y hoy es el centro administrativo de Andalucía.

Su catedral es una de las más grandes de la cristiandad y en el *Archivo de Indias* se conservan todos los documentos históricos relativos al descubrimiento de América.

1. **pólvora** : mezcla de salitre, azufre y carbón, que a cierto grado de calor estalla.

Vista del barrio de Triana desde el Guadalquivir.

Sus numerosas iglesias, conventos y palacios la convierten en una ciudad de leyenda: la ciudad de *Carmen*, de *Don Juan Tenorio*, de *El barbero de Sevilla*, de *Fígaro*…

Sevilla en fiestas

La fama de la Semana Santa sevillana (desde el domingo de Ramos hasta el domingo de Resurrección o Domingo de Pascua) es universal. Todos los días las diferentes congregaciones organizan procesiones, que sacan estatuas de Jesucristo y de la Virgen compitiendo entre ellas en lujo y fervor.
La Macarena es la Virgen más querida de los sevillanos y permanece expuesta en la basílica que lleva su mismo nombre.

Mujeres bailando sevillanas durante la Feria de Abril.

A finales de abril, comienza la Feria de Abril, que es una fiesta de origen campesino, ya que su objetivo principal era la exhibición de ganado. Lo más característico es el paseo de los caballistas, acompañados por amazonas vestidas con el traje típico de volantes, y de los coches tirados por bravos caballos. También tienen lugar corridas de toros en la famosa plaza de la *Maestranza* y concursos de baile flamenco.

1 **Marca con una ✗ la respuesta correcta.**

1. Sevilla es la capital de
   a ☐ Aragón. b ☐ Andalucía. c ☐ Almería.
2. Sevilla fue ocupada por los
   a ☐ íberos. b ☐ cartagineses. c ☐ fenicios.
3. La ciudad fue punto de partida de
   a ☐ Tirso de Molina. b ☐ Lope de Vega. c ☐ Cristóbal Colón.
4. Durante el siglo XVII llega a su punto culminante la
   a ☐ escultura. b ☐ pintura. c ☐ música.
5. En el siglo XVIII su puerto se trasladó a
   a ☐ Málaga. b ☐ Almuñecar. c ☐ Cádiz.
6. Uno de los barrios más famosos de Sevilla es
   a ☐ Trajano. b ☐ Testaccio. c ☐ Triana.

La ilustre fregona

ACTIVIDADES

Antes de leer

Léxico

1 Asocia cada palabra a la definición correspondiente.

a	almadraba	d	romería	g	toquilla	j	amo
b	mozo	e	aguador	h	cántaro	k	mulero
c	posada	f	cebada	i	fregona	l	hechicería

1. ☐ Vasija grande de barro, estrecha de boca y ancha de cuerpo, con dos asas, que sirve para guardar líquidos.
2. ☐ El encargado de cuidar las mulas.
3. ☐ Chico joven y soltero.
4. ☐ Planta anual parecida al trigo que sirve de alimento para los animales.
5. ☐ Persona que tiene autoridad decisiva sobre otras.
6. ☐ La criada que sirve en la cocina y friega, con sentido despectivo.
7. ☐ Persona que tenía por oficio llevar y vender agua.
8. ☐ Lugar donde se hospedan viajantes, campesinos etc...
9. ☐ Lugar donde se pescan los atunes.
10. ☐ Pañuelo pequeño y triangular que se ponen las mujeres sobre la cabeza.
11. ☐ Peregrinación que se hace a un santuario.
12. ☐ Brujería, magia.

CAPÍTULO 1

En busca de aventuras

En Burgos, no hace muchos años, vivían dos caballeros importantes y ricos, don Diego de Carriazo y don Juan de Avendaño. Don Diego tuvo un hijo a quien llamó del mismo nombre, y don Juan otro, a quien llamó Tomás. A estos dos mozos los llamaremos Carriazo y Avendaño.

Poco más de trece años tenía Carriazo, cuando se marchó de casa de sus padres a ver el mundo, tan contento de la vida libre, que ni el frío le molestaba ni el calor le fastidiaba y tres años tardó en volver a su casa, en los que aprendió la vida del pícaro. Pero Carriazo era generoso y bueno con sus camaradas, limpio, bien criado y discreto. Pasó por mil aventuras y de donde guardaba mejor recuerdo es de la almadraba de Zahara. El último verano, tuvo tanta suerte que ganó allí setecientos reales jugando a las cartas, con los que regresó a su casa.

La ilustre fregona
CAPÍTULO 1

Entre los que vinieron a ver al recién llegado estaba don Juan de Avendaño y su hijo don Tomás, con quien Carriazo, por ser ambos de la misma edad, hizo gran amistad.

En Burgos, a Carriazo todo pasatiempo le cansaba. Ni le entretenía la caza ni las fiestas, solamente pensaba en la almadraba.

Avendaño, su amigo, al verle tan melancólico, le preguntó la causa, así que Carriazo le contó punto por punto la vida de los pescadores y cómo todas sus tristezas nacían del deseo de volver allí. Avendaño determinó irse con él en verano a gozar de aquella feliz vida. Intentaron reunir dinero y, como Avendaño tenía que ir a Salamanca, pues su padre quería hacerle estudiar allí, Carriazo expresó a su padre su intención de irse con su amigo para estudiar con él.

Los padres, muy contentos, ordenaron ponerles casa en Salamanca. Les dieron dinero y les impusieron un preceptor. Recibieron la bendición de todos y se pusieron en camino con mulas propias y con dos criados.

Al llegar a la ciudad de Valladolid, los dos amigos dijeron a su preceptor que querían quedarse allí para visitarla, le cogieron cuatrocientos escudos de oro y le dijeron que querían ir a ver la fuente de Argales. Así que con un criado y con sus mulas, salieron a ver la fuente, famosa por su antigüedad y por sus aguas.

Al momento de llegar, le dieron al criado una carta para el preceptor y le ordenaron volver a Valladolid. La carta decía así:

> *Regrese usted a Burgos, diga a nuestros padres que, después de considerar que son más propias de los caballeros las armas que las letras, hemos decidido cambiar Salamanca por Flandes. Los cuatrocientos escudos los llevamos. Nuestra partida es ahora. La vuelta será si Dios lo quiere.*
>
> *Carriazo y Avendaño*

La ilustre fregona
CAPÍTULO 1

Vendieron sus espadas, sus mulas, y su ropa. Se vistieron de campesinos y se pusieron de camino para Toledo.

A la entrada de Illescas, encontraron dos mozos de mulas, al parecer andaluces, el uno venía de Sevilla, el otro iba a ella.

—Esta noche no has de ir a la posada de costumbre, mejor ve a la posada del Sevillano —le dijo un mozo al otro— porque vas a ver la más hermosa fregona del mundo. No te digo más que el hijo del corregidor [1] bebe los vientos por ella. Es joya para un conde.

Y diciendo esto se despidieron.

Los dos amigos se quedaron mudos al escuchar la conversación, y Avendaño sintió un intenso deseo de ver a aquella joven. Así que se dirigieron a la posada del Sevillano.

No se atrevieron a pedir albergue allí, pues sus trajes no lo merecían. Avendaño, con la excusa de preguntar por unos caballeros de Burgos que se dirigían a la ciudad de Sevilla, entró en el patio de la posada e inmediatamente vio salir a una joven de unos quince años, poco más o menos, vestida como labradora, con una vela encendida en un candelero. Avendaño vio un rostro que le pareció de ángel. Se quedó atónito de ver tanta hermosura y no consiguió preguntarle nada, tal fue su éxtasis.

La joven, viendo a aquel hombre delante, le dijo:

—¿Qué busca hermano? ¿Es acaso criado de alguno de los huéspedes de casa?

—No soy criado de nadie, en todo caso de usted —respondió Avendaño lleno de turbación.

—Vaya hermano, las que servimos no necesitamos criados.

---

1. **corregidor**: magistrado que en su territorio ejercía la jurisdicción real.

En busca de aventuras

Y llamando a su señor le dijo:

—Mire, señor, lo que busca este joven.

El amo le preguntó qué buscaba. Él le respondió que a unos caballeros de Burgos que se dirigían a Sevilla, y que les estaba esperando en la posada. Tan buen color le dio Avendaño a su mentira que el posadero le contestó:

—Quédate, amigo, en la posada, que aquí podrás esperar a tu señor. ¡Constanza, haz llevar a estos jóvenes a la habitación del rincón!

—Sí, señor —respondió Costanza, ya que así se llamaba la doncella.

Y haciendo una reverencia a su amo, desapareció y esto fue para Avendaño lo que suele ser el camino al ponerse el sol y sobrevenir la noche.

—Conviene madrugar mañana porque antes del calor podemos estar en Orgaz —dijo Carriazo a Avendaño.

—Yo quiero quedarme aquí unos días para visitar la ciudad.

—¡Vaya! —replicó Carriazo—. Veo que tienes más deseo de quedarte en Toledo que de continuar el viaje.

ACTIVIDADES

Después de leer

Comprensión lectora y auditiva

1 Marca con una ✗ si las afirmaciones son verdaderas (V) o falsas (F).

		V	F
1	La historia comienza en Valladolid.	☐	☐
2	Carriazo tiene quince años cuando se marcha de casa.	☐	☐
3	Carriazo tarda dos años en volver.	☐	☐
4	Su mejor recuerdo es de la almadraba de Zahara.	☐	☐
5	Avendaño tiene que ir a Salamanca a estudiar.	☐	☐
6	En Valladolid los dos amigos paran para ver la fuente de Argales.	☐	☐
7	Avendaño siente el amor al ver a Costanza.	☐	☐
8	Avendaño decide no continuar su viaje.	☐	☐

2 En el capítulo 1 se mencionan estas ciudades: *Burgos, Valladolid, Toledo, Illescas, Zahara, Salamanca, Orgaz, Sevilla*. Mira con atención donde se encuentran y traza con un lápiz el recorrido para ir desde Burgos a Zahara.

ACTIVIDADES

 3 Escucha el inicio del capítulo 1 y contesta a las siguientes preguntas.

1. ¿Dónde comienza la acción?
2. ¿Cuántos años tenía Carriazo cuando se marchó de casa?
3. ¿Cuánto tiempo tardó en volver?
4. ¿De dónde guardaba mejor recuerdo?
5. ¿Con quién hizo amistad al volver a su tierra?
6. ¿Por qué a Carriazo en su ciudad todo pasatiempo le cansaba?

Los adjetivos demostrativos

Los adjetivos demostrativos señalan la situación espacial o temporal del nombre al que determinan con respecto al hablante.
Varían en género y número. Tienen distintas formas que indican la proximidad o lejanía del objeto.

*Avendaño determinó irse con él en verano a gozar de **aquella** feliz vida.*

	masculino		femenino	
	singular	plural	singular	plural
proximidad	este	estos	esta	estas
distancia media	ese	esos	esa	esas
lejanía	aquel	aquellos	aquella	aquellas

Gramática

4 Añade el adjetivo demostrativo, sigue el ejemplo.

Este disco compacto, esta librería, estos periódicos.

1. Esos pueblos, ... ciudades, ... tren.
2. Aquella cafetería, ... bar, ... sillas.
3. Esa ambulancia, ... doctores, ... enfermera.
4. Esta manzana, ... ciruelas, ... melón.
5. Aquel avión, ... camiones, ... avioneta.

ACTIVIDADES

Léxico

5 Completa este texto con las palabras del recuadro.

> árabe   léxico   español   contacto   lengua   topónimos

La influencia del árabe en la lengua española

El (1) .... es, después del latín, la lengua que más (2) .... ha aportado al (3) .... Este vocabulario entra en la lengua como resultado del (4) .... que se produce desde el año 711, con la conquista árabe, hasta principios del siglo XVII, con la expulsión de los últimos moriscos que mantenían viva su (5) ....
Es evidente en (6) .... como: *Zahara, Alcalá, Albacete, Guadalquivir, Algeciras, Gibraltar, Murcia, Guadalajara.*
Aquí tienes algunas palabras de origen árabe:
alcalde: presidente del ayuntamiento de cada pueblo;
almacén: local donde se depositan mercancías;
azúcar: nombre genérico de un grupo de hidratos de carbono que tienen un sabor dulce.
A veces existen dos palabras para designar una misma cosa, la latina y la árabe: **oliva** (latín) y **aceituna** (árabe), ambas fruto del olivo.
Oliva se emplea para indicar el fruto cuando está en el árbol y **aceituna** se emplea para indicar el fruto que está en el plato y que se come.

6 Completa las frases con las palabras que has aprendido en el ejercicio anterior.

1 Todas las mercancías que ha traído el camión están en el ....
2 Con las .... se fabrica el aceite.
3 Las .... rellenas de anchoa están exquisitas en la ensalada.
4 El .... visitará la escuela la semana próxima.
5 Ten cuidado con el ...., engorda mucho.

Expresión escrita

DELE **7** Estás en Salamanca haciendo un curso de español. Escribe a tu familia una carta explicando las razones por las que has decidido prolongar tu estancia en España (ente 80-100 palabras, 8-10 líneas).

CAPÍTULO 2

Gentiles resoluciones

Los dos amigos continuaban hablando en la habitación de la posada.

—La verdad es que —decía Avendaño— tan imposible es alejarme de ver el rostro de esta doncella, como imposible es ir al cielo sin hacer buenas obras.

Se fueron a cenar a una taberna pero, mientras Carriazo cenaba lo que le daban, Avendaño cenó lo que llevaba en la cabeza, que eran pensamientos e imaginaciones.

—Mira Carriazo, hasta ahora no has visto a Costanza.

—Ya sé yo como va a acabar esto —contestó Carriazo.

—¿Cómo? —replicó Avendaño.

—En que yo me voy a mi almadraba y tú te quedas con tu fregona.

La ilustre fregona
CAPÍTULO 2

Con esta conversación llegaron a la posada y, después de haber dormido poco más de una hora, les despertó el sonido de una música. Alguien les llamó a la puerta y les dijo:

—Muchachos, si queréis oír una música bonita, levantaos y asomaos a la ventana.

No fue necesario decirles que aquella música se daba por Costanza. Avendaño sintió la severa lanza de los celos. Y lo peor es que no sabía de quien podía tenerlos. Pero pronto dijo uno:

—¡Qué simple es este hijo del corregidor que se anda dando músicas a una fregona!

A lo cual otro añadió:

—Pues yo estoy seguro de que ella está durmiendo a pierna suelta sin acordarse de músicas ni canciones.

Y escuchando esto, Avendaño se serenó.

A la mañana siguiente vieron a Costanza, tan hermosa que los dos pensaron que las adulaciones del mozo de mulas eran demasiado cortas. A Carriazo le pareció tan hermosa como a su compañero, pero no por eso quería quedarse allí sino marcharse a su almadraba. En esto salió el posadero maldiciendo por haberse quedado sin un mozo que llevaba las cuentas de la cebada de las caballerías.

—No se preocupe, señor posadero, que yo le puedo llevar las cuentas de la cebada y la paja —le dijo Avendaño.

—En verdad que te lo agradezco, joven, pues yo no puedo atenderlo todo. Te voy a dar el libro y ten cuidado con los mozos de mulas que son peligrosos. Puede ser estupendo teneros aquí, porque en esta casa hay mucho beneficio además de los salarios. También necesito a alguien para traer el agua del río, ya que una

La ilustre fregona
CAPÍTULO 2

de las causas por las que los muleros traen aquí a sus amos es la abundancia de agua que hay, pues no llevan a las caballerías a beber al río sino que beben aquí en grandes recipientes.

Todo oía Carriazo, el cual, viendo que ya Avendaño estaba acomodado y con oficio en la casa, dijo al posadero:

—Venga el asno, señor posadero, que voy a hacer ese trabajo tan bien como mi compañero.

Y subiendo en el asno de un salto, se encaminó al río, dejando a Avendaño muy alegre de haber visto su gentil resolución.

Y aquí tenemos ya a Avendaño hecho un mozo de posada con nombre de Tomás Pedro, que así dijo que se llamaba, y a Carriazo con el de Lope Asturiano, hecho aguador.

Mientras caminaba nuestro buen Lope Asturiano hacia el río, pensando en su almadraba, en un paso estrecho, al bajar la cuesta, se encontró con el asno de un aguador, que subía cargado. Tal encuentro hizo caer al que subía, rompiéndose los cántaros y perdiéndose el agua. Así que el aguador, lleno de cólera, empezó a pegar a nuestro amigo una docena de palos. Lope bajó del asno, cogió al aguador por la garganta y lo tiró al suelo, de manera que la cabeza dio con una piedra y se abrió en dos partes. Salió tanta sangre, que parecía que estaba muerto. Otros aguadores que lo vieron empezaron a gritar:

—¡Justicia, justicia, que este aguador ha matado a un hombre!

Un alguacil lo oyó todo y, más rápido que el viento, acudió allí, vio que el herido estaba atravesado sobre su asno, y Lope prisionero entre más de veinte aguadores. El alguacil apartó a la gente y los llevó a todos a la cárcel.

Al rumor de la gente, salió Tomás Pedro y su amo a la puerta de la casa y descubrieron a Lope arrestado con la cara llena de

Gentiles resoluciones

sangre. Tomás Pedro siguió a su compañero sin poder hablarle una palabra, ya que había mucha gente que lo impedía.

Finalmente vio que lo encerraban en la cárcel y que llevaban al herido a la enfermería. El alguacil se llevó a su casa a los dos asnos. Tomás Pedro regresó a la casa lleno de confusión y de tristeza y halló a su amo con no menos pesadumbre que él.

—No puedo dejar a mi amigo en esa situación, tengo que estar con él y no puedo dejar morir al aguador. Voy a tener que pagar a los ministros de la justicia para obtener su libertad.

En resolución, al cabo de veinte días el cirujano declaró que el herido estaba sano y Tomás tuvo que pagar más de veinte escudos para sacar a su amigo de la cárcel.

Al encontrarse de nuevo en libertad, el Asturiano no quiso volver con su compañero. Dijo que lo que pensaba hacer era comprar un asno y ejercer el oficio de aguador en Toledo, ya que con una sola carga de agua se podía pasar todo el día en la ciudad mirando a las chicas hermosas.

—Muy hermosas las vas a ver —le dijo Tomás— pues esta ciudad tiene fama de tener las más hermosas y discretas mujeres de toda España, la prueba la tienes en Costanza.

Después de leer

Comprensión lectora y auditiva

1 Marca con una ✗ si las afirmaciones son verdaderas (V) o falsas (F). Justifica tus respuestas.

		V	F
1	Los dos amigos se van a comer.	☐	☐
2	Avendaño no come nada.	☐	☐
3	Carriazo no ha visto todavía a Costanza.	☐	☐
4	Por la noche les despierta un ruido de música.	☐	☐
5	La música es para el hijo del corregidor.	☐	☐
6	Carriazo se hace aguador en Burgos.	☐	☐
7	Avendaño se hace criado del posadero.	☐	☐
8	En Toledo las chicas son muy feas.	☐	☐

2 Escucha el inicio del capítulo 2 y contesta a las preguntas siguientes.

1. ¿Dónde van a cenar los dos amigos?
2. ¿Qué cena Avendaño?
3. ¿Qué decide cenar Carriazo?
4. ¿Qué despierta a nuestros amigos durante la noche?
5. ¿Cómo se siente Avendaño?
6. ¿Quién está tocando la música?

ACTIVIDADES

La comparación

A través del adjetivo podemos comparar dos personas u objetos.

La comparación puede expresarse de tres formas:

— **superioridad: más + adjetivo + que**

El primer término tiene una cualidad de mayor intensidad que el segundo.

*Avendaño es **más romántico que** Carriazo.*

— **inferioridad: menos + adjetivo + que**

El primer sustantivo tiene una cualidad de menor intensidad que el segundo.

*Avendaño es **menos aventurero que** Carriazo.*

—**igualdad: tan + adjetivo + como**

El primer sustantivo tiene una cualidad de la misma intensidad que el segundo.

***Tan guapo** es Avendaño **como** Carriazo.*

Gramática

3 Busca tres frases en el capítulo que contengan el comparativo de igualdad.

1 ....
2 ....
3 ....

4 Vamos a comparar a Avendaño con su amigo Carriazo. Escribe frases comparativas utilizando las palabras del recuadro.

> celoso   romántico   aventurero   trabajador
> impulsivo   solidario   apasionado   inquieto

Léxico

5 Encuentra en el capítulo 2 las palabras equivalentes a las siguientes.

1. apartarme ....
2. muchacha ....
3. cantina ....
4. reflexiones ....
5. criada ....
6. diálogo ....
7. melodía ....
8. ingenuo ....
9. guapa ....
10. contento ....

La letra *h*

En español la letra **h** no se pronuncia, es muda.

Se escriben con **h inicial** las palabras que empiezan por **hie-, hue-** y todas las formas de los verbos *haber, hacer, hallar, hablar* y *habitar*.

Cuando la letra **h** aparece en el interior de una palabra se llama **h intercalada**.   *búho*

Se escriben con **h intercalada** las palabras que están compuestas por una palabra que se escribe con **h inicial**.

inhumano → *humano*

Algunas palabras se escriben con **h final**.

¡ah!   ¡oh!   ¡eh!   ¡bah!

6 Completa el crucigrama. Todas las palabras se escriben con *h*.

1. **Tienen que** dar cuchilladas, o sea .... **de** dar cuchilladas.
2. Al despedirse dicen: ¡............... mañana!
3. Sinónimo de *fabricar*.
4. Saludo.
5. Si alguien te da una cuchillada, te ....

```
       1 H □ □
     2 □ A □ □
   3 □ □ C □ □
     4 □ H □ □
   5 □ □ E □ □
```

CAPÍTULO 3

Más ilustre que fregona

Y así continuaban hablando nuestros amigos:

—Vamos poquito a poco en esto de los elogios a la fregona —dijo el Asturiano.

—¿Fregona has llamado a Costanza, hermano Lope?

—Pues ¿no es fregona? —replicó el Asturiano.

—Pues aún no la he visto fregar el primer plato.

—No importa —dice Lope— si no la has visto fregar el primero, pero sí el segundo y el tercero...

—Yo te digo, hermano Lope, que ella no friega, sino que guarda la plata labrada [1] en la casa, que es mucha.

—Pues por eso debe ser, que como friega la plata la llaman la ilustre fregona. Pero dejando esto aparte dime, Tomás, ¿en qué punto están puestas tus esperanzas?

1. **labrar**: trabajar una materia.

71

La ilustre fregona
CAPÍTULO 3

—En el de perdición —respondió Tomás—. En todos los días que has estado preso no he podido hablarle ni una palabra. Puedes irte a tu almadraba y yo aquí estaré a tu vuelta.

Esto acordaron los dos amigos.

Tomás, llevado de sus pensamientos, un día, en el mismo libro en que tenía la cuenta de la cebada, en la soledad de las siestas, escribió unos versos amorosos. Y, estando fuera de casa, cogió el libro su amo para ver cómo estaba la cuenta, y al leer los versos, se quedó sorprendido e intranquilo. Fue con ellos a su mujer y llamó a Costanza, preguntándole si Tomás Pedro, el mozo de la cebada, le daba indicios de amor. Costanza les juró que no le daba ninguno. De manera que acordaron vigilarle.

Cuando Tomás regresó a la casa se decidió a descubrir su amor a Costanza a la primera ocasión. Salió la moza con la cara tapada con una toquilla rodeando las mejillas, diciendo que tenía un gran dolor de muelas y Tomás le dijo:

—Señora Costanza, le doy esta oración escrita, si la lee dos veces, se le quitará el dolor.

—La rezaré porque sé leer, y démela porque me duele mucho.

Y la oración decía así:

> *Señora de mi alma:*
>
> *soy un caballero de Burgos, beneficiario de una herencia de seis mil ducados de renta. Al oír hablar de usted y de su hermosura, dejé mi patria, cambié vestido y vine aquí a servir a su dueño. Y si a usted le complace, seré su esposo. Permítame contemplarla, señora, considerando que no merece el castigo de no verla el que no ha cometido otra culpa que adorarla. Con los ojos podrá responderme, que son tales que indignados matan y piadosos resucitan.*

La ilustre fregona
CAPÍTULO 3

A Tomás le palpitaba el corazón, temiendo o su sentencia de muerte o la recuperación de su vida. Poco después salió Costanza y le dijo:

—Hermano Tomás, esta oración me parece hechicería. Aprende otras oraciones más fáciles porque esta no va a ser útil.

Y a continuación se fue con su ama. Tomás quedó en suspenso. Le pareció no estar en peligro de ser despedido de la casa. Ya se sabe, que en las cosas grandes y dudosas la dificultad está en los principios.

Eran más o menos las once de la noche, cuando de improviso entró en la posada el corregidor, el cual llamó al posadero y le preguntó con mucha gravedad:

—¿Dónde está esa muchacha que, dicen, sirve en esta casa, tan hermosa que por toda la ciudad la llaman la ilustre fregona, y que mi hijo, don Periquito, es su enamorado y todas las noches le da músicas?

—Señor —contestó el posadero—, esa fregona ilustre que dicen, es verdad que está en esta casa, pero ni es mi criada ni deja de serlo.

—Primero quiero verla, antes de saber otra cosa.

—¡Entra Costancica! —exclamó el posadero.

Y sin perder el tiempo, Costanza tomó una vela encendida sobre un candelero de plata, y con más vergüenza que temor fue donde estaba el corregidor.

En cuanto la vio, el corregidor tomó el candelero que Costanza traía, llegándole la luz al rostro, la miró toda de arriba abajo, y le pareció que estaba mirando la hermosura de un ángel en la tierra. Después de haberla mirado bien dijo:

Más ilustre que fregona

—Esta no es joya para estar en una posada. Digo que no solamente la deben llamar ilustre sino ilustrísima. ¿Es acaso su parienta?

—Ni es mi pariente ni es mi criada. Si usted quiere saber, con gusto le explicaré.

—Sí, quiero saber —contestó el corregidor.

—Hace, según mi cuenta, quince años, un mes y cuatro días, llegó a esta posada una señora en hábito de peregrina, acompañada de cuatro criados, dos sirvientes y una doncella. Parecía tener cuarenta años pero no por eso dejaba de ser hermosa. Venía enferma y pálida y preguntó por el médico más famoso de la ciudad. A nuestras preguntas, nos dijeron que era una señora importante de Castilla la Vieja, que era viuda y no tenía herederos. Y como estaba enferma quería ir a visitar a Nuestra Señora de Guadalupe, por eso vestía el hábito. Al cabo de tres días nos llamó a mi mujer y a mí y, a puerta cerrada, casi con lágrimas en los ojos, nos dijo: «Señores míos, los cielos me son testigos, que sin culpa mía me hallo en el problema que ahora os diré. Yo estoy embarazada y tan cerca del parto que ya los dolores me van apretando. Ninguno de mis criados sabe de mi desgracia. Por huir de los maliciosos ojos de mi tierra hice voto de ir a Nuestra Señora de Guadalupe. Y aquí me pongo de parto. En vosotros está ahora el ayudarme en secreto, por mi honra. La paga de este favor aquí la tenéis». Y diciendo esto sacó una bolsa y se la dio a mi mujer.

Después de leer

Comprensión lectora

1 Marca con una ✗ si las afirmaciones son verdaderas (V) o falsas (F).

		V	F
1	Tomás escribe unos versos amorosos.	☐	☐
2	Su amo lee los versos.	☐	☐
3	Costanza tiene un gran dolor de cabeza.	☐	☐
4	Tomás le da una oración escrita para curarse.	☐	☐
5	A Costanza esa oración no le parece útil.	☐	☐
6	El corregidor va a la posada.	☐	☐
7	El corregidor piensa que Costanza es guapísima.	☐	☐
8	Costanza tiene dieciocho años.	☐	☐

Los adjetivos numerales

Los **adjetivos** numerales **ordinales** expresan el orden de colocación. Concuerdan en género y número con el nombre al que califican.

—*No importa —dice Lope— si no la has visto fregar el **primero**, pero si el **segundo** y el **tercero**...*

En **primero** y **tercero** la -o final cae cuando preceden a un nombre masculino en singular o cuando están separados de él por un adjetivo.

*Pues aún no la he visto fregar el **primer** plato.*

*El **tercer** buen resultado.*

A menudo son sustituidos por los adjetivos numerales.

*El siglo **diecinueve**.*

Para nombrar el **orden de sucesión** de **soberanos** y **papas** se emplea hasta **décimo** y a continuación los adjetivos numerales.

*Felipe V (**quinto**)   Carlos III (**tercero**)   Luis XIV (**catorce**)*
*Benedicto XVI (**dieciséis**)   León XIII (**trece**)*

ACTIVIDADES

Gramática

2 Escribe los siguientes numerales en letras.

1	1	....	**5**	11 ....
2	2	....	**6**	12 ....
3	3	....	**7**	13 ....
4	4	....	**8**	14 ....

3 Escribe en letras los números romanos de estos personajes históricos.

1. Felipe V fue un rey español descendiente de Luis XIV. ....
2. Juan Pablo II fue un papa muy popular y querido. ....
3. Carlos III realizó muchas reformas en España. ....
4. Juan Carlos I es el actual rey de España. ....
5. Carlos I de España y V de Alemania reinó en el siglo XVI. ....

4 En cada una de las frases siguientes, una de las partes subrayada es gramaticalmente incorrecta. ¿Cuál? Corrígela.

1. En su (**a**) <u>doceavo</u> aniversario invitó a todos (**b**) <u>sus</u> amigos a comer (**c**) <u>en</u> un restaurante. ....
2. Tomás quedó <u>con</u> (**a**) suspenso. (**b**) <u>Le</u> pareció no estar en peligro de ser (**c**) <u>despedido</u>. ....
3. Ya se (**a**) <u>saben</u>, que en las (**b**) <u>cosas</u> grandes y dudosas la dificultad (**c**) <u>está</u> en los principios. ....

¿Cómo suena?

5 Marca con una ✗ si oyes *str* como *estrella*, o *scr* como *escribano*.

	1	2	3	4	5	6	7	8
-str								
-scr								

ACTIVIDADES

Léxico

6 En cada una de estas frases hay una palabra en negrita que no es adecuada. Sustitúyela por alguna de las palabras siguientes.

a fregar
b labrada
c ninguno
d amorosos
e vigilarle
f palpitaba
g ayudarme
h posada
i ilustre

1 ☐ Aún no la he visto **frotar** el primer plato.
2 ☐ Ella no friega sino que guarda la plata **tallada**.
3 ☐ A Tomás le **golpeaba** el corazón.
4 ☐ Así que acordaron **espiarle**.
5 ☐ En la soledad de las siestas escribió unos versos **cómicos**.
6 ☐ Como friega la plata la llaman la **insigne** fregona.
7 ☐ Esta no es joya para estar en una **pensión**.
8 ☐ **Alguno** de mis criados sabe de mi desgracia.
9 ☐ En vosotros está ahora el **acompañarme** en secreto.

Expresión oral y escrita

7 Explica la razón por la cual Tomás dice que su amada se dedica a guardar la plata y no a fregar los platos.

8 Escribe una carta declarando tu amor a la persona de la que estás enamorado y que todavía no conoce tus sentimientos (entre 80-100 palabras, 8-10 líneas).

CAPÍTULO 4

Confrontando pergaminos

El posadero continuaba así su historia ante el corregidor:

—Yo le dije que no hacía falta darme dinero, que actuábamos no por interés sino por caridad. Y a las doce de la noche parió una niña, la más hermosa que he visto, que es la misma que usted acaba de ver ahora. La señora fue a su romería y, cuando volvió, la niña ya estaba dada a criar por mi orden, en una aldea cerca de aquí. En el bautismo se le puso por nombre Costanza, que así lo ordenó su madre, la cual me dio una cadena de oro, de la cual quitó seis trozos, que debía traer la persona encargada de recoger a la niña. También cortó un pergamino blanco que debía completarse con otro, y que encajados se leen, y separados no es posible. Y todo lo tengo esperando la consigna. Por fin, dándome otros cuatrocientos escudos y abrazando tiernamente a mi mujer con lágrimas en los ojos, se marchó. Y si en este año no vienen a buscarla, tengo determinado adoptarla y dejarle toda mi fortuna, que vale más de seis mil ducados.

La ilustre fregona
CAPÍTULO 4

El corregidor estaba en suspenso escuchando la historia. Le pidió la cadena y el pergamino, pues los quería ver. La cadena estaba labrada y en el pergamino estaban escritas estas letras: E T E L S Ñ V D D R, por lo que se veía que tenían que ensamblarse con otro. Se guardó el pergamino y le dijo al posadero que si venían a buscar a Costanza tenía que avisarle. Durante la entrevista, Tomás estaba inquieto, con mil pensamientos en la cabeza. Pero cuando vio que el corregidor se marchaba y Costanza se quedaba, se tranquilizó.

Al día siguiente cerca de la una, entraron en la posada cuatro hombres, dos de ellos honorables ancianos. Salió Costanza a recibirlos y, apenas verla, uno de los ancianos exclamó:

—Creo, don Juan, que hemos hallado lo que venimos a buscar.

Tomás, que acudió por las cabalgaduras, reconoció a su padre y al padre de Carriazo, que eran los dos ancianos respetables. Pensó que venían a buscarles, fue a por Costanza y le dijo:

—Costanza, uno de estos dos caballeros es mi padre, pregunta a sus criados y verás como te he dicho la verdad.

El padre de Carriazo fue a hablar con el posadero y le dijo:

—Yo vengo a quitarle una joya mía que tiene en su poder. Le traigo mil escudos de oro, estos trozos de cadena y este pergamino.

—Señor, espere un momento —dijo el posadero, y fue a avisar al corregidor.

Este vino inmediatamente a la posada del Sevillano, llevando consigo el pergamino de la muestra y exclamando:

—¡Feliz reencuentro primo y señor mío!

El caballero Avendaño también le abrazó diciendo:

—Abrace a este caballero gran amigo mío, don Diego de Carriazo. Saque los trozos de cadena y confronte los pergaminos. Vamos a hacer la prueba de la verdad.

La ilustre fregona
CAPÍTULO 4

Don Diego sacó el otro trozo de pergamino en el que se leía: S A S A E A L E R A E A. Juntando todas las letras se leía: ESTA ES LA SEÑAL VERDADERA.

Compararon los trozos de cadena y vieron que eran iguales y dijo el corregidor:

—¿Quiénes son los padres de esta niña?

Y don Diego contestó:

—El padre soy yo y la madre ya no vive. Fue una señora muy importante, viuda de un gran caballero, que se retiró a vivir en una aldea con gran honestidad. Y yendo yo a cazar por allí, quise visitarla. Subí a su habitación sin ser visto por nadie. Ella estaba durmiendo, cerré la puerta, la desperté y cogiéndola le dije: «No grite que sus voces serán anunciadoras de su deshonra. Nadie me ha visto entrar». Yo la gocé contra su voluntad. Al cabo de dos años murió. Hace unos veinte días me mandó llamar un mayordomo [1] de esta señora, que estaba a punto de morir y me contó que su señora quedó embarazada, que tuvo una niña en esta posada y me dio la cadena, el pergamino y treinta mil escudos de oro para casar a la hija de su señora. El mayordomo no me avisó antes por codicia, pero estando a punto de morir, y queriendo descargar su conciencia, me dio el dinero y me dijo dónde y cómo había de hallar a mi hija.

Tomás Pedro estaba escondido en su habitación para ver, sin ser visto, lo que hacían su padre y el de Carriazo. Estaba inquieto por la llegada del corregidor y por la agitación que había en la casa. Finalmente, salió de su habitación y con gran sumisión se puso de rodillas ante su padre, quien le abrazó muy contento. El corregidor cogió de la mano a Costanza y la presentó a su padre diciéndole:

---

1. **mayordomo** : criado principal, que se encarga del gobierno económico de una casa.

Confrontando pergaminos

—Reciba, don Diego, esta joya y estímela. Y usted, hermosa doncella, bese la mano a su padre y dé gracias a Dios que con este suceso ha subido y mejorado la bajeza de su estado.

Costanza, que no entendía lo sucedido, temblando, se puso de rodillas ante su padre y comenzó tiernamente a besarle las manos. Todos fueron a casa del corregidor donde les recibió su esposa. Comieron magníficamente y después de comer Tomás Pedro contó a su padre como, por amores de Costanza, se puso a servir en la posada y que estaba tan enamorado de ella que pensaba tomarla por esposa, aún siendo fregona, asimismo dijo a don Diego dónde se encontraba su hijo.

La esposa del corregidor vistió a Costanza con los vestidos de una hija que tenía su misma edad y cuerpo. Y si Costanza estaba hermosa con el traje de labradora, con el traje cortesano parecía cosa celestial, tan bien le sentaban las ropas, que daban a entender que desde que nació era señora.

Pero entre tantos sucesos alegres hubo uno triste y es que el hijo del corregidor quedó muy abatido de perder a su amada Costanza. Y así fue de verdad, porque entre el corregidor, don Diego de Carriazo y don Juan de Avendaño, se concertó que don Tomás se casaba con Costanza, dándole su padre los treinta mil escudos que su madre le dejó. Don Diego de Carriazo se iba a casar con la hija del corregidor y don Pedro, el hijo del corregidor, con una hija de don Juan de Avendaño.

De esta manera quedaron todos contentos y satisfechos y la noticia del casamiento de la fregona se extendió por la ciudad.

Todavía hoy, vive Costanza en Burgos, en compañía de su buen mozo de mesón, y Carriazo tiene tres hijos, que sin tomar el estilo del padre, ni acordarse de si hay almadrabas en el mundo, están todos estudiando en Salamanca.

Después de leer

Comprensión lectora y auditiva

1 Marca con una ✗ la opción correcta.

1. ¿Por qué ayuda el posadero a la dama?
   - a ☐ Por interés.
   - b ☐ Por caridad.
   - c ☐ Por dinero.

2. ¿Qué dio la señora al posadero?
   - a ☐ Un trozo de cadena de oro y un pergamino.
   - b ☐ Una cadena de oro y un pergamino.
   - c ☐ Una medalla y un pergamino.

3. El posadero tiene una fortuna de
   - a ☐ seis mil escudos.
   - b ☐ seis mil ducados.
   - c ☐ seis mil reales.

4. La madre de la joven murió .... después del parto.
   - a ☐ dos años
   - b ☐ dos meses
   - c ☐ veinte días

5. Finalmente
   - a ☐ los tres jóvenes se casan.
   - b ☐ el hijo del corregidor no se casa.
   - c ☐ Carriazo no se casa.

6. Diego de Carriazo va a tener
   - a ☐ cinco hijos.
   - b ☐ tres hijos.
   - c ☐ cuatro hijos.

ACTIVIDADES

2 Marca con una ✗ si las afirmaciones son verdaderas (V) o falsas (F). Justifica tus respuestas.

	V	F
1 La niña es dada a criar en una aldea.	☐	☐
....		
2 En el bautizo se la llamó Constancia.	☐	☐
....		
3 El posadero no quiere adoptar a la joven.	☐	☐
....		
4 Tomás no se inquieta al escuchar la entrevista.	☐	☐
....		
5 Al día siguiente llegan seis hombres a la posada.	☐	☐
....		
6 El padre de Carriazo y el corregidor no se conocen.	☐	☐
....		

3 ¿Quién lo ha dicho? Pon la letra que corresponde a cada personaje en la casilla adecuada.

a el corregidor
b Tomás
c el posadero
d el caballero Avendaño
e Don Diego

1 ☐ A las doce de la noche parió una niña.
2 ☐ Si vienen a buscar a Costanza tienes que avisarme.
3 ☐ Uno de estos dos caballeros es mi padre.
4 ☐ Abrace a este caballero gran amigo mío, don Diego de Carriazo.
5 ☐ El padre de la niña soy yo y la madre ya no vive.
6 ☐ Reciba don Diego esta joya y estímela.

85

ACTIVIDADES

4 Escucha el inicio del capítulo 4 y completa con las palabras que faltan.

El (**1**) .... continuaba así su historia ante el (**2**) .... :
—Yo le dije que no hacía falta darme dinero, que (**3**) .... no por interés sino por (**4**) .... Y a las doce de la noche parió una niña, la más (**5**) .... que he visto, que es la misma que usted acaba de ver (**6**) .... .La señora fue a su (**7**) .... y, cuando volvió, la niña ya estaba dada a criar por mi orden, en una (**8**) .... cerca de aquí. En el bautismo se le puso por nombre (**9**) ...., que así lo ordenó su madre, la cual, me dio una (**10**) .... de oro, de la cual quitó seis (**11**) ...., que debía traer la persona encargada de recoger a la niña.

Gramática

5 En cada una de las frases siguientes, una de las partes subrayada es incorrecta. ¿Cuál? Corrígela.

1. Reciba (**a**) <u>doña</u> Diego esta joya y (**b**) <u>estímela</u>, y usted, hermosa (**c**) <u>doncella</u>, bese la mano a su padre.
   ....

2. La joven, que no entendía lo sucedido, se puso (**a**) <u>a</u> rodillas ante (**b**) <u>su</u> padre y comenzó a (**c**) <u>besarle</u> las manos.
   ....

Léxico

6 Encuentra en el capítulo 4 las palabras con el siguiente significado.

1. Actitud solidaria con el sufrimiento ajeno. ....
2. Afán excesivo de riquezas. ....
3. Viaje que se hace por devoción a un santuario. ....
4. Obediencia y sumisión manifiesta con palabras o acciones. ....
5. Primero de los sacramentos de la Iglesia con el cual se da la gracia y el carácter cristiano. ....

PROYECTO **INTERNET**

La ciudad de Burgos

Sigue las instrucciones de la página 18 para encontrar los sitios que te proponemos y contesta a las preguntas siguientes.

1 ¿Quién fundó la ciudad de Burgos?
2 ¿En qué siglo?
3 Cita dos importantes personajes de Burgos del siglo X.
4 ¿Qué instaló Alfonso VI en Burgos?
5 ¿Dónde reposan los restos del Cid Campeador?
6 ¿En qué siglo comienza la construcción de su catedral gótica?
7 ¿Qué otorgan a Burgos los Reyes Católicos?

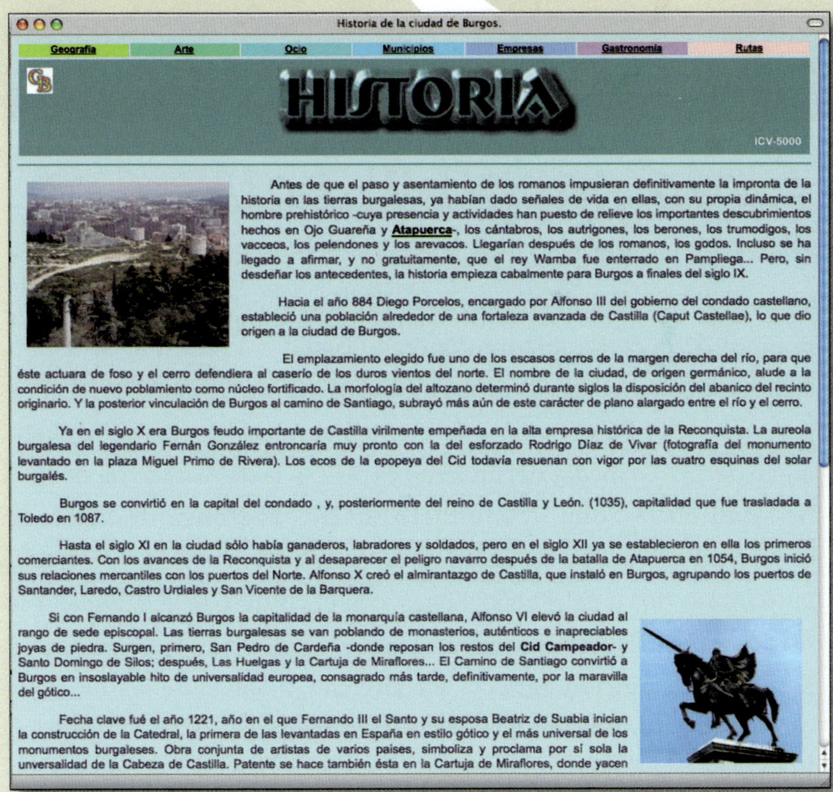
Historia de la ciudad de Burgos.

Geografía | Arte | Ocio | Municipios | Empresas | Gastronomía | Rutas

HISTORIA

ICV-5000

Antes de que el paso y asentamiento de los romanos impusieran definitivamente la impronta de la historia en las tierras burgalesas, ya habían dado señales de vida en ellas, con su propia dinámica, el hombre prehistórico -cuya presencia y actividades han puesto de relieve los importantes descubrimientos hechos en Ojo Guareña y **Atapuerca**-, los cántabros, los autrigones, los berones, los trumodigos, los vacceos, los pelendones y los arevacos. Llegarían después de los romanos, los godos. Incluso se ha llegado a afirmar, y no gratuitamente, que el rey Wamba fue enterrado en Pampliega... Pero, sin desdeñar los antecedentes, la historia empieza cabalmente para Burgos a finales del siglo IX.

Hacia el año 884 Diego Porcelos, encargado por Alfonso III del gobierno del condado castellano, estableció una población alrededor de una fortaleza avanzada de Castilla (Caput Castellae), lo que dio origen a la ciudad de Burgos.

El emplazamiento elegido fue uno de los escasos cerros de la margen derecha del río, para que éste actuara de foso y el cerro defendiera al caserío de los duros vientos del norte. El nombre de la ciudad, de origen germánico, alude a la condición de nuevo poblamiento como núcleo fortificado. La morfología del altozano determinó durante siglos la disposición del abanico del recinto originario. Y la posterior vinculación de Burgos al camino de Santiago, subrayó más aún de este carácter de plano alargado entre el río y el cerro.

Ya en el siglo X era Burgos feudo importante de Castilla virilmente empeñada en la alta empresa histórica de la Reconquista. La aureola burgalesa del legendario Fernán González entroncaría muy pronto con la del esforzado Rodrigo Díaz de Vivar (fotografía del monumento levantado en la plaza Miguel Primo de Rivera). Los ecos de la epopeya del Cid todavía resuenan con vigor por las cuatro esquinas del solar burgalés.

Burgos se convirtió en la capital del condado , y, posteriormente del reino de Castilla y León. (1035), capitalidad que fue trasladada a Toledo en 1087.

Hasta el siglo XI en la ciudad sólo había ganaderos, labradores y soldados, pero en el siglo XII ya se establecieron en ella los primeros comerciantes. Con los avances de la Reconquista y al desaparecer el peligro navarro después de la batalla de Atapuerca en 1054, Burgos inició sus relaciones mercantiles con los puertos del Norte. Alfonso X creó el almirantazgo de Castilla, que instaló en Burgos, agrupando los puertos de Santander, Laredo, Castro Urdiales y San Vicente de la Barquera.

Si con Fernando I alcanzó Burgos la capitalidad de la monarquía castellana, Alfonso VI elevó la ciudad al rango de sede episcopal. Las tierras burgalesas se van poblando de monasterios, auténticos e inapreciables joyas de piedra. Surgen, primero, San Pedro de Cardeña -donde reposan los restos del **Cid Campeador**- y Santo Domingo de Silos; después, Las Huelgas y la Cartuja de Miraflores... El Camino de Santiago convirtió a Burgos en insoslayable hito de universalidad europea, consagrado más tarde, definitivamente, por la maravilla del gótico...

Fecha clave fué el año 1221, año en el que Fernando III el Santo y su esposa Beatriz de Suabia inician la construcción de la Catedral, la primera de las levantadas en España en estilo gótico y el más universal de los monumentos burgaleses. Obra conjunta de artistas de varios paises, simboliza y proclama por sí sola la unversalidad de la Cabeza de Castilla. Patente se hace también ésta en la Cartuja de Miraflores, donde yacen

La imperial Toledo

La ciudad imperial de Toledo es la capital de la provincia del mismo nombre de la comunidad autónoma Castilla-La Mancha. Se levanta sobre una colina encajada en un meandro del río Tajo que la rodea casi por completo. Su clima es continental, con una temperatura media anual de 15°. La media del invierno es de 7° y la del verano de 24°.

Se sitúa en la zona de contacto de dos regiones de diferente economía: los montes de Toledo, con actividad ganadera y forestal; y las llanuras de cereales manchegas, con el cultivo de la trilogía típica mediterránea: trigo, vid y olivo.

Mantiene su función agrícola y comercial, además de las funciones propias de su condición de capital provincial.

El primer testimonio escrito sobre Toledo se debe al historiador Tito Livio, que se refiere a *Toletum* como una pequeña ciudad fortificada, y Gracio Falisco, que en su *Cynegeticon* habla ya de la fama de los cuchillos y espadas toledanos.

Tras la caída del imperio romano, Toledo pasa al poder de los bárbaros y a finales del siglo VI es la capital del reino visigodo. En el III Concilio de Toledo (589), el monarca Recaredo se convierte al catolicismo, lo cual va a originar una intensa actividad monástica y la construcción de numerosas iglesias. Sin embargo las continuas guerras civiles, motivadas por el carácter electivo de la monarquía, debilitan el reino visigodo que cae fácilmente en manos de los árabes en el siglo VIII.

Reconquistada en 1085 por Alfonso VI es proclamada capital del reino castellano-leonés. Las crónicas cuentan que el rey acordó con los musulmanes respetar su religión y costumbres. Pero en su ausencia, la reina Constanza y el arzobispo Bernardo acordaron tomar la catedral por la fuerza, ya que esta, siendo el lugar religioso más importante de la ciudad, continuaba en poder de los vencidos, lo que se consideraba una ofensa para los cristianos.

Toledo conocerá una etapa de esplendor durante los siglos XIV y XV favorecida por la existencia de numerosas comunidades árabes, judías y cristianas exponentes de grandes culturas.

La catedral de Toledo.

La sinagoga de Toledo.

Parece que Toledo fue la primera ciudad hebrea de España. Los hebreos eran, en general, elementos muy activos de la sociedad, sobre todo en la economía y en la artesanía. Durante el siglo XIII, se afirma la importancia cultural de Toledo comenzando a producirse un gran centro intelectual que alcanza su plenitud en la *Escuela de Traductores*.
En el siglo XIV comienza un periodo de persecuciones que culmina con la expulsión de los judíos en 1492 por los Reyes Católicos.
Después de 1561, año en que Felipe II traslada la capital a Madrid, Toledo entra en una etapa de crisis al quedar relegada al papel de una metrópoli religiosa, testimonio de un rico pasado histórico. Si en el siglo XVI llegó a contar con 60. 000 habitantes, en 1900 contaba con 23.000. Poco a poco se asiste a un incremento de la población y en 1991 vuelve a contar con 64.000 habitantes y, hoy en día, Toledo es receptora de una abundante población flotante y es a la vez un área de descongestión de la capital estatal.

Gastronomía de la Mancha

Hemos visto en el texto que Carriazo y Avendaño cenan en una taberna. La cocina manchega es muy variada, un plato muy famoso es el gazpacho manchego, está muy rico y se come en invierno.

Gazpacho Manchego

Receta

6 cucharadas de aceite de oliva
4 dientes de ajo
400 g de conejo
1 pizca de pimentón dulce (páprika)
1 pizca de pimienta
1 pellizco de sal
30 g de tomate
1 torta manchega o 180 gramos pan sin levadura (pan ácimo)

Preparación

Se cuece el conejo en agua con sal hasta que esté tierno, entonces se separa la carne que se corta en trocitos.

En una sartén se sofríen en el aceite, los ajos cortaditos y el tomate, se incorpora el pimentón, la pimienta y el caldo del conejo, se añade la torta cortada en trocitos y se deja cocer unos 10 o 15 minutos hasta que la torta esté tierna. Se le suma la carne y se sirve.

El arte del damasquinado.

Artesanía de Toledo

Damasquinado

La artesanía toledana es célebre por los objetos damasquinados, también llamados *Oro de Toledo*. Estos objetos son la señal que identifica a la ciudad. En un objeto de hierro o acero se graba un dibujo que luego se rellena con hilos de oro o plata con una punceta [1]. En Grecia y Roma, el damasquinado recibió el nombre de caelatura. Con la caída del imperio romano este arte quedó relegado a Bizancio, donde se enriqueció con las finas labores provenientes de Damasco, ciudad de la que tomó el nombre con el que hoy lo conocemos. A partir de la caída de Constantinopla en 1483, los armeros italianos recuperaron para el continente el arte perdido, decorando primero espadas y armaduras, para pasar más tarde a una labor de orfebrería decorando muebles. Actualmente Toledo es el mayor centro de producción de este arte en el mundo.

1. **punceta** : punta delgada y aguda.

Empuñaduras de espadas damasquinadas.

Espadas

Las espadas de Toledo comenzaron a fabricarse, según restos arqueológicos que conservamos, tallando sílex [2] para poder utilizarlo como arma o herramienta.

Toledo es famoso por su acero. Es difícil precisar la fecha en que se inició, en la histórica ciudad, la fabricación de las armas blancas, industria es tan antigua como la ciudad misma.

Los siglos XV, XVI y XVII marcan el mayor esplendor de esta industria y es cuando empieza a constituirse el *Gremio* [3] de Espaderos, viniendo a Toledo artesanos de toda Europa e incluso de Oriente, para aprender de aquellos artífices los secretos de la fabricación de las inimitables hojas que elevaron el nombre de Toledo y su Tajo a una altura que ninguna otra ciudad ha podido alcanzar a través de los siglos.

2. **sílex**: variedad de cuarzo.
3. **gremio**: corporación de maestros, oficiales y aprendices de una misma profesión.

Comprensión lectora

1 Marca con una ✗ la respuesta correcta.

1. Toledo es la capital de
   - a ☐ Castilla.
   - b ☐ Castilla-La Mancha.
   - c ☐ Almería.

2. Tiene un clima
   - a ☐ mediterráneo.
   - b ☐ continental.
   - c ☐ oceánico.

3. En el siglo VIII abandonan Toledo los
   - a ☐ árabes.
   - b ☐ visigodos.
   - c ☐ celtiberos.

4. Durante el siglo XIV comienza un periodo de
   - a ☐ persecuciones.
   - b ☐ amenazas.
   - c ☐ intimidaciones.

5. El gazpacho manchego contiene
   - a ☐ pimiento verde.
   - b ☐ pimiento rojo.
   - c ☐ pimentón.

6. Se llama *Oro de Toledo* a los objetos
   - a ☐ damasquinados.
   - b ☐ pintados.
   - c ☐ dibujados.

TEST FINAL

Comprensión lectora

1 Marca con una ✗ la respuesta correcta.

1. Miguel de Cervantes sufrió en Argel
   - a ☐ cinco años de cautiverio.
   - b ☐ tres años de cautiverio.
   - c ☐ dos años de cautiverio.

2. Por Sevilla pasa el río
   - a ☐ Guadalaviar.
   - b ☐ Gualdalquivir.
   - c ☐ Guadalete.

3. Sevilla fue fortificada por
   - a ☐ Tiberio.
   - b ☐ Claudio.
   - c ☐ Julio César.

4. Cerca de Sevilla nació
   - a ☐ Octavio.
   - b ☐ Trajano.
   - c ☐ Nerón.

5. La primera vuelta al mundo la hizo
   - a ☐ Américo Vespucio.
   - b ☐ Hernán Cortés.
   - c ☐ Magallanes.

6. La Escuela de Traductores se encontraba en
   - a ☐ Burgos.
   - b ☐ Sevilla.
   - c ☐ Toledo.

TEST FINAL

7   Los talabarteros hacían
    a ☐ los cordones.
    b ☐ la cera.
    c ☐ los cinturones de cuero.

8   Los homófonos son palabras que tienen
    a ☐ la misma pronunciación pero grafía diferente.
    b ☐ la misma pronunciación y la misma grafía.
    c ☐ diferente pronunciación pero la misma grafía.

9   En Triana se fabricaba
    a ☐ la pólvora.
    b ☐ la cerámica.
    c ☐ los cigarros.

10   Las ventas españolas en el siglo XVII tenían
    a ☐ buena fama.
    b ☐ mala fama.
    c ☐ pésima fama.

11   En las ventas
    a ☐ se rezaba.
    b ☐ se estudiaba.
    c ☐ se robaba.

12   Miguel de Cervantes
    a ☐ conocía bien las ventas.
    b ☐ no conocía las ventas.
    c ☐ no se sabe si conoció las ventas.